Peter Thiesen
## Das Spiele-Handbuch für Krippe und Tagespflege

**Peter Thiesen,** Diplom-Sozialpädagoge, ist Oberstudienrat an der Fachschule für Sozialpädagogik in Lübeck. Er ist Autor und Herausgeber zahlreicher Standardwerke zur Spiel-, Sozial- und Schulpädagogik.

Peter Thiesen

# Das Spiele-Handbuch

## für Krippe und Tagespflege

*Begabungen erkennen und bewusst fördern*

**Bei Fragen und Anregungen wenden Sie sich bitte an unsere Berater:**
Marketing, 14328 Berlin, Cornelsen Service Center,
Servicetelefon 030 / 89 785 89 29

**Weitere Informationen finden Sie im Internet unter:**
**www.cornelsen.de/fruehe-kindheit**

Lektorat: Juliane Baumann, Berlin
Gesamtgestaltung: Claudia Adam Graphik-Design, Darmstadt
Satz: Ludger Stallmeister, Wuppertal
Illustrationen: Martina Löhle, Essen
Titelfotografie: © zioraffa – fotolia.com
Innenteilfotografie: S. 9 und 14 © Claudia Paulussen – fotolia.com; S. 17
© LisaLucia – fotolia.com; S. 24 © petrabast – fotolia.com; S. 31 © Monkey Buis-
ness – fotolia.com; S. 34 © st-fotograf – fotolia.com; S. 52 © Serhiy Kobyakov –
fotolia.com; S. 84 © mikromonkey – fotolia.com; S. 93 und 124 © speed – fotolia.
com; S. 101 © stebidus – fotolia.com; S. 137 © Jörg Hackemann – fotolia.com;
Notensatz: Anna Thiesen, Lübeck und Rita Fiedler, Berlin

**Bibliografische Information:** Die Deutsche Bibliothek verzeichnet diese
Publikation in der Deutschen Nationalbibliografie; detaillierte bibliografische
Daten sind im Internet über http://dnb.ddb.de abrufbar.

1. Auflage 2013

© 2013 Cornelsen Schulverlage GmbH, Berlin

Druck: orthdruk, Białystok, Polen

ISBN 978-3-589-24771-4

 Inhalt gedruckt auf säurefreiem Papier
aus nachhaltiger Forstwirtschaft

# INHALT

Vorwort 7

GRUNDLAGEN FÜR DAS SPIEL 9

Kleinkinder in Krippe und Tagespflege 9
Was Kleinkinder brauchen und sie zufrieden macht 9
Was kennzeichnet eine gute Krippe? 11
Die qualifizierte Tagespflege 12

Das spielende Kleinkind 14
Anregungen für das Spielen mit 1- bis 3-Jährigen 14
Tagesrhythmus, Rituale und der Drang nach Neuem 16

Spiel- und Beschäftigungsformen 18
Krabbel- und Kitzelspiele 19
Fingerspiele 19
Bewegungs- und Kreisspiele 19
Malen, Basteln und Kneten 20
Bilderbücher, Geschichten und Märchen 21
Rollenspiele 22
Handpuppenspiele 23
Gesellschaftsspiele 23

Spiel- und Beschäftigungsmaterialen 24

Didaktisch-methodische Hinweise zur
Spielanleitung und Spielbegleitung 31
Freies und angeleitetes Spielen 32

## SPIELE FÜR DIE KLEINSTEN     34

*Wahrnehmen mit allen Sinnen –
sich spielend die Umwelt erschließen*     34

*Selbstsicher durch Bewegung –
Motorik und Geschicklichkeit im Alltag fördern*     52

*Kontakte zu anderen aufnehmen – sich verständigen,
sprechen und zuhören*     84

*Soziales Lernen – sich selbst und andere entdecken*     93

*Singen und Musizieren – Nahrung für Sinne,
Emotionen und Motorik*     101

*Fantasie und Vorstellungskraft anregen –
Kreativität fördern*     124

*Spiele im Jahresrhythmus – Rituale, Zeitgefühl, Glück
und Geborgenheit*     137

*Register der Spiel- und Gestaltungsangebote*     187

*Literatur*     191

# Vorwort

*„Unglaublich, was die 2- und 3-Jährigen schon alles drauf haben!"* entfuhr es einer meiner Erzieher-Praktikantinnen, als sie aus einem zehnwöchigen Praktikum in einer Kinderkrippe an die Fachschule für Sozialpädagogik zurückkehrte. Sie hatte erkannt, wie ungeheuer wichtig die liebevolle und gezielte Arbeit mit Kindern in der Altersgruppe 1–3 ist.

Die rasche Entwicklung eines Kindes zwischen dem ersten und dritten Lebensjahr ist wie die Wiederholung unserer Menschheitsentwicklung im Turbogang. Es ist faszinierend zu beobachten, wie die Jüngsten dieselben Fortschritte in nur drei Jahren erzielen, für die unsere urzeitlichen Vorfahren unendlich viel Zeit benötigten: aufrecht zu gehen, die Hände und Finger geschickt zu gebrauchen, die Umwelt in ihrer Vielfalt bewusst wahrzunehmen, das Erlernen der Sprache, das abstrakte Denken und kreative Handeln.

In der Altersgruppe 1–3 ist das aktive Spiel die wichtigste Tätigkeit für das Kind, die Welt, in der es lebt, zu begreifen, sich selbst kennenzulernen und soziale Beziehungen zu anderen aufzubauen. Spielen ist Lernen und Forschen im ursprünglichen Sinn: durch Nachahmung und Improvisation, durch Versuch und Irrtum, mit Kreativität und großer Ausdauer. Kleinkindern ist nichts heilig. Sie spielen mit allem, was ihnen Spaß macht und unterscheiden dabei nicht zwischen Harmlosem, Gefährlichem, Robustem oder Zerbrechlichem. Und nur durch diese Spielerfahrungen begreifen Kinder Gesetzmäßigkeiten wie Ursache und Wirkung, steigern ihre Wahrnehmungs- und Konzentrationsfähigkeit, formen ihre motorischen und geistigen Fähigkeiten.

Die unruhige Mobilität vieler Familien lässt heutzutage schon Kleinkindern wenig Freiraum für vertieftes Spielen, Muße und beschauliches Verweilen. In einer Zeit zunehmender Ein-Kind-Familien und Alleinerziehender, ungünstiger Wohnsituationen, anregungsarmer Umwelten und mehr oder weniger nachbarschaftlicher Isolierung, sind Kinderkrippe und qualifizierte Tagespflege für Kleinkinder wie für ihre Eltern gleichermaßen von unschätzbarer Bedeutung. Hier werden die Kinder liebevoll betreut und versorgt. Hier haben sie die Möglichkeit, spielerisch vielfältige Erfahrungen zu sammeln und Spielgefährten zu finden, ohne dabei eine schützende und Sicherheit gewährende Bezugsperson wie Erzieherin oder Tagesmutter – entbehren zu müssen, solange Mutter/Vater nicht in der Nähe sind.

Wollen wir die körperliche, intellektuelle und emotionale Entfaltung des Kleinkindes fördern, müssen wir für „Spiel-Räume", Spielzeug, Spielgefährten und Spielzeit sorgen, müssen wir dem Kind in Krippe und Tagespflege vielfältige Anregungen bieten, ohne es mit Reizen zu überfluten.

Dieses Spiele-Handbuch möchte Erzieherinnen im Krippenbereich und Mitarbeiterinnen in der Tagespflege Anregungen, Orientierung und Sicherheit beim Spielen und Fördern von Kleinkindern geben, ihnen einen Fundus an Spiel- und Gestaltungsmöglichkeiten bereithalten und aufzeigen, wann das Kind bei seinem Spielen Impulse und einfühlsame Anleitung benötigt. Dabei helfen über 250 in der Praxis erprobte Vorschläge für das Spielen, Singen und Gestalten mit dem einzelnen Kind, wie auch in der Klein- und Gesamtgruppe. Darüber hinaus möchte diese Handreichung auch interessierte Eltern anregen, die Entwicklung ihres Kindes verständnisvoll, mit Freude und Zuversicht zu begleiten.

*Peter Thiesen*

# Kleinkinder in Krippe und Tagespflege

## Was Kleinkinder brauchen und sie zufrieden macht

Frühkindliches Spiel ist ein komplexer Vorgang, der sich nicht nur auf das Einüben von Funktionen reduziert. Kindliches Spiel bringt ständig Neues, Unerwartetes hervor, ist geprägt von Vielfalt, Variationen und Verhaltensmöglichkeiten. 2- bis 3-Jährige sind dabei, ihre Umwelt zu erobern. Sie entdecken ihre Sinne und machen Erfahrungen, die ihr kommendes Leben prägen. Dinge, die bisher nicht gelangen, funktionieren jetzt. Die Bewegungen werden zunehmend kontrollierter.

Kinder müssen spielen, denn sie lernen durch das Spielen viel über sich und ihre Umwelt kennen. Zudem trainieren sie ihre eigenen motorischen und geistigen Fähigkeiten. Spielen in vertrauter Umgebung hat auch immer etwas mit Ritualen zu tun. Kinder brauchen Rituale, denn sie geben Orientierung, Verlässlichkeit, Geborgenheit und Sicherheit.

Wer ein Kind in der Krippe, im altersgeöffneten Kindergarten oder in der Tagespflege gezielt fördern will, muss wissen, was es braucht und was ihm gut tut. Auch müssen wir wissen, welche Blockaden und Ängste ein Kleinkind behindern können und welche entwicklungspsychologischen Merkmale von Kleinkindern eine Herausforderung für den Erwachsenen darstellen. Kleinkinder sind ständig in Bewegung. Kein Wunder, dass sie nach monatelangem Liegen, Sitzen und Krabbeln endlich gehen und klettern können. Kleinkinder sind egozentrisch und es fällt ihnen noch schwer umzuschalten. Also schlagen sie am liebsten gleich tausendmal auf den Plastikeimer oder die Trommel. Kleinkinder haben noch eine sehr kurze Aufmerksamkeitsspanne, sind unflexibel und überschreiten ständig Grenzen, indem sie alles anfassen und untersuchen. Wie soll man sonst auch die Welt „begreifen" lernen. Und wenn wir Erwachsenen glauben, dass da gerade ein kleines Kerlchen trotzt, liegt es womöglich daran, dass es glaubt, wir wollten es um sein größtes Vergnügen bringen, die Welt auf seine Art zu entdecken. Kleinkinder haben durchaus das Talent, Erwachsene in Rage zu bringen und so womöglich Überreaktionen auszulösen, gegen die eine erfahrene Erzieherin oder Tagespflegeperson natürlich gefeit ist.

Zwischen 18 und 36 Monaten entwickeln die Kinder einige wunderbare Eigenschaften, die Eltern wie Mitarbeiter in Krippe und Tagespflege mit Freude zur Kenntnis nehmen. Das Verhalten verändert sich vom „Immer haben wollen" zum „Kurz warten, bis man dran ist". Geduld prägt sich aus. Die vernünftige, sprachbegabte und Impulse kontrollierende Gehirnhälfte des Kleinkindes kommt immer stärker zum Tragen. Das Kleinkind hat den Wunsch, Bezugspersonen wie Eltern und Erzieherin nachzuahmen. Übrigens auch negatives Verhalten der Erwachsenen. Und es beginnt, sich in andere einzufühlen, was einen großen Schritt bedeutet: Vom egozentrischen Baby zum anteilnehmenden Kind. Vom zweiten Lebensjahr an entwickeln sich beim Kind eine gewisse Ordnungsliebe und ein Regelverständnis.

Krippe und qualifizierte Tagespflege können maßgeblich dazu beitragen, durch Spiele, Erfahrungs- und Bildungsangebote, die sich in vielen Familien nicht bieten, die Entwicklung der ihnen anvertrauten Kinder gezielt zu fördern und dabei auch die Eltern in ihren Erziehungsaufgaben unterstützen. Jüngere Kinder haben andere Bedürfnisse als Kinder über 3 Jahren. Sie benötigen mehr Platz, mehr Struktur und andere entwicklungsfördernde Materialien. Um sich gut entwickeln und bilden zu können, brauchen sie auch eine intensivere Betreuung durch vertraute Bezugspersonen. Während bei früheren Generationen auch die Jüngeren den größten Teil des Tages damit verbrachten, im Freien herumzutollen, findet heute das Leben für Kleinkinder fast ausschließlich in Wohnungen statt, die für sie langweilig und überreizend zugleich sind. Die vielen Eindrücke der Natur, wie Sonne, Regen, Wind, Bäume, Vögel oder weiches Gras sind durch enorme Stille in den vier Wänden ersetzt worden. Typische Kleinkinderfreuden wie das Matschen im Sand, mit Dreckklumpen werfen oder Käfer fangen, sind in Großstädten gänzlich außer Reichweite und Einzelkindern fehlen oft die Spielgefährten. Gleichzeitig werden Kleinkinder in den Wohnungen unserer modernen Welt mit Reizen geradezu überschüttet: Vor Fernsehern mit verrückten Zeichentrickfilmen, dröhnenden „Kinder"-Computerspielen, schrillen Videos, lauten Spielsachen und grellen Farben. An all das mögen wir uns seit langem gewöhnt haben, für viele Kleinkinder jedoch bedeutet diese ständige Über- und Unterstimulation Stress, der sich in Müdigkeit, Quengelei und Reizbarkeit äußert. Kinderkrippe und Tagespflege mit ihrem Fachpersonal, ihrem Raum- und Materialangebot können hier Kindern und Eltern durch reflektiertes und geplantes pädagogisches Handeln erfolgreich unterstützen.

## Was kennzeichnet eine gute Krippe?

Zunächst einmal müssen die Rahmenbedingungen stimmen, d.h. die Gruppengröße sollte auf 15 Kinder begrenzt sein. Geht es nach dem „Betreuungsnetz der Europäischen Union", sollten Gruppen mit 2- bis 3-Jährigen maximal mit acht Kindern besetzt sein. Beim Personalschlüssel für 1- bis 2-Jährige sollte ein Erzieher-Kind-Verhältnis von 1 : 3 bestehen und bei den 2- bis 3-Jährigen sollte eine Erzieherin nicht mehr als fünf Kinder betreuen und fördern müssen. Um sich ausleben zu können brauchen Kinder einen ausreichend großen Gruppen und Nebenraum von etwa 75 qm, sowie einen Schlafraum und weitere Spielflächen. Auch Erlebnis- und Spielflächen außerhalb der Einrichtung sind einzubeziehen, damit die Kinder Verständnis gewinnen können für ihre unmittelbare Umwelt, für den Kreislauf des Jahres, für Tiere und Pflanzen, deren Lebensbedingungen und Schutzwürdigkeit.

Eine kontinuierliche Betreuung und Beobachtung durch vertraute, engagierte Erzieherinnen über den ganzen Tag ist ein ganz wesentlicher Bestandteil verantwortungsbewusster Krippen-Pädagogik. Auch sind die Kleinsten vor- und nachmittags mit vertrauten Spielpartnern zusammen. Kinder brauchen Bezugspersonen, die verlässlich sind und emotionale Wärme ausstrahlen. Kinder brauchen das Gefühl, gemocht zu werden. Sie wollen dazu gehören, sich am Geschehen in der Gruppe beteiligen. Durch aktives Beobachten und Zuhören auf Äußerungen der Kinder, insbesondere der Kinder, die noch nicht sprechen, kann die Erzieherin sie entschlüsseln und angemessen darauf reagieren.

Bei der Aufnahme eines neuen Kindes in die Krippe kommt es zur individuellen Eingewöhnung im Sinne einer „beziehungsvollen Pflege", damit sich jedes Kind in Begleitung seiner Eltern nach eigenem Tempo an die Erzieherin, die neue Umgebung und den Tagesrhythmus mit seinen Strukturen und Rituale gewöhnen kann. Die Erzieherin achtet auf gleichaltrige Spielpartner für die Kinder, unterstützt und respektiert ihren neugierigen Forscherdrang, ihre Bewegungsbedürfnisse, Spiele und Experimentiermethoden, um auch aus diesen Erkenntnisse und Anregungen für die weitere Förderung kindlicher Aktivitäten zu ziehen.

In guten Einrichtungen gehen die Erzieherinnen aktiv auf die Eltern zu, informieren sie über ihr Konzept, unterstützen durch Beratung und pflegen eine Erziehungspartnerschaft mit ihnen.

## Die qualifizierte Tagespflege

Neben den institutionalisierten Betreuungsformen wie Krippe und altersgeöffnetem Kindergarten ist die qualifizierte Tagespflege gerade für Kinder bis zum dritten Lebensjahr eine unverzichtbare Ergänzung des Betreuungsangebotes. Diese familienähnliche Betreuungsform erhält auf dem Hintergrund des Mangels an Plätzen für jüngere Kinder in Deutschland zunehmend an Bedeutung.

Vor dem Hintergrund des verstärkten Ausbaus der Tagesbetreuung für Kinder unter drei Jahren, müssen die Bundesländer die Grundlagen für eine intensive und nachhaltige Tagespflegestruktur schaffen und die Qualifizierung des Tagespflegepersonals zügig vorantreiben. So ließe sich die

Tagespflege durchaus an den Berufsfachschulen für Sozialpädagogik verankern, in denen die „Sozialpädagogischen Assistentinnen" bzw. „Sozialassistenten" ausgebildet werden. Um die individuellen Bildungsprozesse jedes einzelnen Kindes erfolgreich unterstützen zu können, bedarf es pädagogischer Mitarbeiter, die neben Erfahrungen im Umgang mit Kleinkindern über fundiertes Fachwissen verfügen. Hierzu gehören neben der pädagogisch-pflegerischen Eignung, entwicklungspsychologische und musischkreative Kenntnisse, das Wissen um die Bedeutung von Bindung in den ersten Lebensjahren, spezifische Kenntnisse der Altersgruppen 1–3 und das Wissen um das Verhältnis von Erziehung und Bildung.

Ein Vorteil der qualifizierten Tagespflege als familienähnlichster Form der Kleinkindbetreuung besteht in der individuellen und intensiven Betreuung durch eine feste Bezugsperson. Ein Krippenplatz wiederum kann den Vorteil haben, dass ein Kind mit vielen Gleichaltrigen zusammenkommt und bereits früh soziale Kontakte knüpfen kann. Auch das hängt natürlich wieder davon ab, inwieweit in der jeweiligen Krippe ein Kind wirklich umfassend betreut und gefördert wird.

# Das spielende Kleinkind

## Anregungen für das Spielen mit 1- bis 3-Jährigen

Das kindliche Spiel ist ein tiefes, angeborenes Bedürfnis. Es entspringt dem Drang, Geheimnissen und Dingen auf die Spur zu kommen. Kinder, die ausgiebig und intensiv spielen können, sind in der Regel ausgeglichener, fröhlicher, zufriedener, selbstsicherer als ihre Altersgenossen, die bereits als Kleinkinder vor dem Fernseher „geparkt" werden. Spielen während der Kleinkindzeit ist wichtiger als formales Lernen. Es ist äußerst entwicklungsfördernd und hat einen unmittelbaren Einfluss auf die Persönlichkeit des Kindes. Die Tage zufriedener, glücklicher und gesunder Kleinkinder sind angefüllt mit Bewegungs- und Rollenspielen, Herumtollen, erforschendem Spiel, unbefangenem Singen und Basteln. Bei diesen Tätigkeiten werden die Sinne des Kindes angeregt, es lernt Bewegungsabläufe kennen, sein Denken wird geschärft, seine Sprachentwicklung gefördert und es erwirbt soziale Fähigkeiten, die für sein weiteres Leben wichtig sind. Das Kind erfährt seine

Umwelt, stärkt dabei sein Selbstvertrauen und während es aktiv und ausdauernd spielt und herumtollt, wird auch sein Immunsystem gestärkt. Im kreativen Spiel und im Hantieren mit unterschiedlichsten Materialien lässt das Kleinkind seiner Fantasie freien Lauf. Es träumt, zaubert und hat immer neue Ideen. Schon in frühester Kindheit lassen sich Einfallsreichtum und Spontaneität fördern. Bereits beim Säugling können wir durch häufiges, liebevolles Sprechen und Singen – wenn auch keine Antwort kommt – seine Sinne und Fantasie anregen. Durch ein vielfältiges Angebot, wie im Praxisteil des Buches beschrieben, helfen wir dem Kind beim Aufbau eines realitätsgerechten Weltverständnisses und beim Sammeln von Selbsterfahrungen. In unserer Welt der Reizüberflutung ist es wichtig, die Wachheit der Sinne zu erhalten und zu stärken.

Kleinkinder besitzen etwas Einmaliges, was ihnen leider im Laufe ihres Lebens von uns Erwachsenen aberzogen wird, obwohl sie Motor für Interesse, Fantasie und Kreativität ist: die Neugierde. Von Anfang an zeigt jedes Kind Neugierverhalten. Dieser Zustand umfassender Aktivierung aller Sinne, die konzentrierte, aufmerksame Zuwendung zu einer Person, einem Gegenstand oder einer Situation mit hohem Anreiz und Aufforderungscharakter ist das, was letztlich sinnvolles Lernen in Gang setzt. Deshalb sollten wir Neugier zulassen und sie nur da behutsam eingrenzen, wo es um Sachverhalte geht, die dem Kind in seiner Entwicklung schaden könnten. Neugier, als Motor und Antrieb für das Lernen, schafft eine Verbindung zwischen dem Kind und den noch unbekannten Dingen seiner unmittelbaren Lebensumwelt. Das Verstehen geht in der frühen Kindheit nun mal auch über das echte Begreifen und Anfassen einer Sache. Beim Spielen und Fördern von Kindern im ersten bis dritten Lebensjahr gilt es, einen guten pädagogischen Mittelweg zu finden, der ihnen genügend Zeit lässt zum unbeschwerten Spielen und Träumen, ihnen aber auch Anregungen bietet, ihren Bewegungsdrang, ihre Wissbegierde und Denkfreude auszuleben. Sowohl das freie Spielen als auch eine einfühlsame, kontinuierliche Förderung ohne „Förderstress", die gelassen Entwicklungen unterstützt, hilft Kindern körperlich, geistig und emotional zu gedeihen.

## Tagesrhythmus, Rituale und der Drang nach Neuem

In der Altersgruppe 1–3 ist es wichtig, den Tagesrhythmus einzuhalten sowie Hektik und Unregelmäßigkeiten zu vermeiden, damit es sich im Spiel ausleben kann. Der Tag beginnt für die Krippenkinder in der Regel in einem der Gruppenräume mit ihrer festen, vertrauten Bezugsperson. Nach dieser ersten Begegnung folgt das Freispiel mit gemeinsamen Aktivitäten und Spielkontakten zu Gleichaltrigen. Dieses Geschehen wiederholt sich täglich. Rituale, klare Strukturen im Tageslauf und Kontinuität fördern Vertrautheit und Sicherheit und helfen dem Kind, sich wohl zu fühlen. Es sei nochmals betont, dass es für die Qualität der Einrichtung spricht, wenn die unter 3-Jährigen den ganzen Tag mit ihrer vertrauten Bezugsperson verbringen können. Für Kleinkinder sind erwachsene Spielpartner besonders attraktiv, weil sie sich auf das jeweilige Kind einstellen und reagieren können.

Kleinkinder brauchen nicht viel, sondern sinnvolles, entwicklungsgemäßes Spielzeug, das ihre Fantasie anregt. Ebenso reicht eine überschaubare Anzahl an Bilderbüchern, Liedern, Geschichten und Märchen aus. Wichtig ist beim Kleinkind, dass das Erzählte, Gesungene oder Gezeigte sich über einen langen Zeitraum wiederholt. Beobachten wir z. B. ein Kleinkind im Gruppenraum beim Hantieren mit Spielzeug, so bildet sich über kurz oder lang ein klares Muster aus. Das Kind konzentriert sich auf ein bestimmtes Spielzeug, das einen besonderen Reiz ausübt und untersucht es, um die Möglichkeiten auszuprobieren. Nun beginnt es damit zu spielen, stößt es an, zerlegt es, setzt es wieder zusammen, wirft es um, baut es auf, zerlegt es wieder, schiebt es von einem Ort zum anderen und so weiter. Hat es nach einer Weile genug von diesem Spielzeug, geht es zum Nächsten, mit dem es dieselben „Untersuchungen" und Experimente durchführt. So nimmt es sich ein Spielzeug nach dem anderen vor, bis es nach einer Weile zum ersten Spielzeug zurückkehrt, um sich ihm nochmals zu widmen. Der Drang nach Wechsel und nach Neuem gilt nicht nur für Spielzeuge, sondern für alle Arten von Kinderspielen. Für Bewegungsspiele ebenso wie für sprachliche oder soziale Spiele oder kreative Spielformen wie Malen und Gestalten. Spielen kann so vieles sein: mit Küchengeschirr hantieren, Bausteine aufbauen und wieder umwerfen, malen, matschen, kneten, zerreißen, schneiden, aufkleben, herumtollen, hämmern, sägen, klettern, toben ... ach, es ließe sich noch vieles aufzählen, was ein Kleinkind im Tageslauf treibt. Alles ist wichtig für das Kind, denn Spielen ist „Arbeit", aber eine sehr schöne.

In der Gruppe spielen die unter 2-Jährigen noch viel nebeneinander her. Sie wechseln schnell ihre Partner, zeigen aber schon Sympathie oder Antipathie anderen Spielgefährten gegenüber. Sie ahmen Eigenheiten anderer Kinder nach und greifen verbale Äußerungen auf. Deshalb sollte die Erzieherin besonders positive Begebenheiten hervorheben und loben, negative hingegen nicht so viel beachten und mit ein paar Worten abtun. Freundschaften bei 2-Jährigen werden überwiegend von der Erzieherin und zu Hause von den Eltern gesteuert, während sich die 3-Jährigen schon ganz bewusst Spielkameraden aussuchen. Mit zunehmendem Alter wächst die Anzahl der Freunde, die aber auch häufig wieder gewechselt werden. Die Anzahl sollte überschaubar sein. Als Faustregel zur Einladung von Geburtstagsgästen im Kleinkindalter raten wir Eltern: So alt wie das Geburtstagskind ist, so viele Gäste werden eingeladen. Zuviele Gäste wären eine Überforderung für das Geburtstagskind. Das Ganze überschaubar halten ist hier die Zauberformal.

Kinder durchlaufen von Geburt an viele kleine und große Entwicklungsschritte in den verschiedenen Bereichen ihrer körperlichen und geistigen Entwicklung. Das Beschäftigen mit unterschiedlichsten Spielzeugen, wie sie hier im Buch unter „Spielmittel und Fördermaterial" aufgeführt werden, regen die altersgemäßen und individuellen Fähigkeiten der Kinder an.

Konstruktionsspielzeuge, Knete, Ton, Malutensilien und Collagematerial fördern die Feinmotorik, die geistige Entwicklung und die Kreativität. Gleichzeitig lernt das Kind, den Frust zu ertragen, wenn mal etwas daneben geht. Die Kleinsten neigen zunächst eher zum „Demolieren", Auseinandernehmen, als zum Konstruieren, was auch ihrem frühen Entdeckerdrang entspricht.

Kleinkinder lieben Rollenspiele, in denen sie Erwachsene in ihrem Tun nachahmen und sich mit Personen in ihrer Umwelt auseinandersetzen. Jede Menge Requisiten wie Tücher, Puppen, Stofftiere, Kleider und Kostüme zum Verkleiden, alte Telefone und beliebige Haushaltsgegenstände halten wir in einer „Rollenspielkiste" für spontane wie gelenkte Spielanlässe bereit. Bei Rollenspielen mit Stofftieren schlüpfen Kinder meist in die Rolle des Erwachsenen. Wenn wir ihnen dann bei ihren Monologen zuhören, stellen wir hin und wieder erstaunt fest, wie unsinnig manche Anweisungen und Verbote der Erwachsenen sind.

# Spiel- und Beschäftigungsformen

Das gemeinsame Spielen und Erleben mit der Erzieherin oder Tagespflege-person, lässt das Kind die innere Verbundenheit freudig empfinden. Es stärkt das Vertrauen und damit das Gefühl der Geborgenheit. Wir frischen unsere Verse und Lieder aus der Kindheit wieder auf und vermitteln sie im gemeinsamen Tun den Kindern. Dabei kommt Freude auf, und Bücher oder auch mündliche Überlieferungen erweitern die Sammlungen von Versen und Liedern und wir lernen mit den Kindern Neues hinzu. Kinder lieben ein ständiges Wiederholen der bekannten Verse und Lieder. Voller Spannung und Erwartung schauen sie zu, wenn die Katze die Maus packt oder die flinken Mäuschen sich schnell in ihrem Mausehaus verkriechen und dann zu einem neuen Spiel wieder hervorkommen. Die Freude und der Spaß der Kinder an diesen Spielen schafft Vertrauen zur Erzieherin, denn sie haben mit ihr ein gemeinsames Erlebnis.

## Krabbel- und Kitzelspiele

Jeder kennt das „Kuckucksspiel", eines der ersten Spiele mit unseren Kindern. Die Babys strahlen, strampeln und krähen vor Vergnügen, wenn der Kopf hinter dem Körbchen sich versteckt und wieder auftaucht. Eine Welt von Glück und Freude, von Vertrauen und Zusammengehörigkeitsgefühl liegt in den ersten Spielen zwischen dem Erwachsenen und dem Kind.

## Fingerspiele

Mit den Fingerspielen werden die ersten Fäden zur Außenwelt geknüpft. Die Maus, die Katze, der Wind oder die Fahne draußen auf dem Turm werden herbeigezaubert und machen das Kind aufgeschlossen für die Umwelt. Durch die einfachen Reime der Verse wird der Wortschatz erweitert und das Gehör geschult. Viele Fingerspiele lassen sich mit den kleinen Basteleien auch optisch darstellen. Für die Kleinen ist es wie ein Puppentheater, es dient zur Entspannung oder Verschnaufpause nach einem Bewegungsspiel, aber auch zur Anregung, um selbst einen solchen Gegenstand herzustellen und mit ihm zu spielen. In Fingerspielen und Versen stellen Kinder gerne erste Rollenspiele dar.

## Bewegungs- und Kreisspiele

Gesang, Musik und rhythmisches Sprechen fordern Kinder zum Bewegen, Tanzen, Drehen und Klatschen auf. Ohne Aufforderung setzen sie Lieder und Verse in Körperbewegungen um. Bei den kleineren Kindern stehen Bewegungsspiele im Vordergrund, die größeren lieben mehr die Kreisspiele. Besonders kleinere Kinder scheuen sich ein anderes Kind anzufassen. Viele Kreisspiele lassen sich aber auch ohne das Berühren des anderen durchführen, indem sich die Kinder ganz zwanglos nach der Musik bewegen. Kreisspiele, bei denen zum Schluss die Kinder hinfallen, sind in allen Altersstufen beliebt. Spiele, bei denen ein Kind in der Mitte des Kreises steht, sind mehr für die Größeren gedacht, bei den Kleineren geht die Erzieherin mit in den Kreis, um ihnen die Befangenheit zu nehmen. Erst wenn wir das Singspiel öfters getanzt haben, wagen sie sich auch allein in den Kreis. Grundsätzlich sollten Kinder nicht zum Mitmachen gezwungen werden. Durch das Beobachten der anderen und deren Freude und Spaß am Spiel entschließen sie sich meist von selbst mitzumachen.

Mit einfachen Liedern und Versen lassen sich Autos, Züge, schleichende Katzen, flinke Mäuschen in Bewegungsspiele umsetzen. Da die Witterung es nicht zu jeder Jahreszeit zulässt, sich im Freien zu bewegen, können wir auch im Haus mit etwas Fantasie dem natürlichen Bewegungsdrang der Kleinkinder nachkommen: Wolldecken werden, von zwei Erzieherinnen gehalten, zu Schaukeln. Legen wir sie über Tische und Stühle, so haben wir eine Höhle, in der sich die Kinder verstecken können, oder eine Hundehütte bzw. ein Mäusehäuschen zum Durchkrabbeln und -kriechen. Mehrere Stühle hintereinandergestellt ergeben eine Stuhlreihe. Legen wir eine Decke oder ein Bettlaken darüber, so haben wir einen Tunnel. Große Kartons (in Möbelgeschäften erhältlich) werden zu Autos oder Schiffen. Schneiden wir Türen und Fenster hinein, haben wir ein Häuschen. Entfernen wir den Boden, so können sich Mäuse oder Katzen darin verstecken, wenn ein „gefährliches Tier" kommt. Mehrere Kartons ohne Boden hintereinander aufgestellt und mit einem Klebeband befestigt laden zum Durchkrabbeln, -robben und -kriechen ein. Einen fertigen Tunnel gibt es auch im Fachhandel zu kaufen. Wollen wir einen Kriechtunnel selber herstellen, so benötigen wir zwei Hula-Hoop-Reifen und ein Bettlaken. Die Reifen werden am Kopf- bzw. Fußende des Betttuches eingenäht, sodass ein Schlauch entsteht. Damit der Tunnel lustiger aussieht, können wir ihn mit Fingerfarben bemalen, oder wir drucken unsere bemalten Hände und Füße darauf ab. Im Raum halten zwei Erzieherinnen den Tunnel, auf dem Rasen lässt er sich mit jeweils zwei Bändern und vier Heringen (für Zelte) oder Holzpflöcken im Boden befestigen. Viel Spaß bringt es den Kleinen, wenn sich Erwachsene am Bewegungsspiel beteiligen. Mal sind sie das Mäuschen, hinter der die Katze kriecht, mal der Hund, der von einem gefährlichen Tier verfolgt wird, und umgekehrt. Piepsend, bellend oder miauend geht es über die Hindernisse hinweg oder unter ihnen durch.

## Malen, Basteln und Kneten

Für die Kinder sind die Beschäftigungen ein Kennenlernen der verschiedenen Materialien. Das Ergebnis ist zweitrangig. Im Vordergrund steht das Ausprobieren von Papier, Malstiften, Schere, Kleber, Knete und Farben.

1½-Jährige beginnen beim Malen mit Krakeleien und vorsichtigen Schlängellinien, die dann in eine Art Spirale übergehen. Sie üben durch diese Hin- und Her Bewegung des Armes ihre Feinmotorik. Mit annähernd 3 Jahren entstehen Kreise, die zuerst sternförmig durchkreuzt werden und später sonnenähnliche Strahlen erhalten. Zwischen 3½ und 4 Jahren wird der Mensch als Kopffüßler dargestellt, vom 5-Jährigen bekommt der Mensch einen Rumpf, und nun gelingen ihm auch andere Darstellungen von Gegenständen. Aber das sind nur Richtwerte, es gibt Früh- und Spätentwickler – über die Begabung sagen sie noch nichts aus. Die im Buch vorgestellten Mal- und Bastelvorschläge sind mit 2- bis 3-Jährigen in Zusammenarbeit mit der Erzieherin entstanden. Die Erzieherin gibt Formen vor, z. B. einen Baum, eine Katze, Blume usw. Die Kinder tupfen, drucken oder malen den Gegenstand aus oder bekleben ihn mit Buntpapierschnipseln. Die Kleinen halten sich noch nicht an eine vorgezeichnete Linie oder Form, deshalb ist es ratsam, den gewünschten Gegenstand nach dem Skizzieren auszuschneiden und dann die Kinder mit Farbe oder Kleber und Buntpapier experimentieren zu lassen. Kleben wir anschließend die Werke auf einen farbigen Hintergrund, haben wir einen schönen Wandschmuck, auf den die Kinder stolz sind. Beim Basteln wird viel geschnitten und geklebt, auch das können wir mit den Kindern gemeinsam machen. Während die Erzieherin das Motiv ausschneidet, hantieren die Kinder mit ihrer eignen Schere an den Abfallstücken. Das Fertigstellen und Zusammenkleben geschieht wieder mit Erzieherin und Kindern gemeinsam. Bei den 3-Jährigen haben wir, sofern es die Kinder nicht allein konnten, die Formen vorgegeben und ihnen Hilfestellung beim Schneiden und Kleben gegeben.

Wie das Malen und Basteln gehört auch das Kneten zum kreativen Gestalten. Es dauert lange, bis die Kleinen formschöne Dinge anfertigen. Aber Freude am weichen, geschmeidigen Material der Knete haben schon die Kleinsten. Sie drücken, stechen, rollen, klopfen und schneiden die Masse. All diese Tätigkeiten kräftigen die Finger- und Handmuskulatur. Beim „Arbeiten" ist die Fantasie grenzenlos, da werden Kügelchen zu Eiern, Äpfeln oder Bällen, eine gerollte Knetschlange wird zur Wurst bestimmt, die dann mit einem Holzspachtel oder Plastikeinwegmesser in Scheiben geschnitten wird. Mit einem Nudelholz, Teigrädchen, Knoblauchpresse, Plätzchenausstechformen und kleinen Holzstäbchen lässt sich vieles ausprobieren. Anstelle von Knete lässt sich auch Salzteig verwenden.

### Bilderbücher, Geschichten und Märchen

Bilderbücher vorlesen, betrachten oder Geschichten erzählen dient am Tage einer gemütlichen Ruhepause. Vorm Schlafengehen lassen sie den Tag ruhig und entspannt ausklingen. Mit den Bildern und kleinen, kurzen Geschichten aus dem Alltag machen wir schon den Kleinsten die Umwelt überschaubarer. Setzen wir in die Geschichten den Namen unserer Kinder ein und bringen kleine Handlungen hinein (z. B., wenn es regnet, mit den Fingerspitzen auf den Tisch klopfen), wird die Geschichte für die Kinder zu einem Erlebnis. Wer seinem Kind jeden Tag auch nur ein paar Minuten vorliest oder Geschichten erzählt, gewinnt dabei Unermessliches. Die Eltern-Kind-Beziehung wird durch diese Vergnügen dauerhaft gefestigt, und für die Kinder öffnet sich ein Tor zur Welt der Abenteuer und des Wissens.

Bilderbücher, Geschichten und Märchen sind ideale Medien und Instrumente zur Sprachförderung. Schon für die Jüngsten gilt: Nur wer Sprache hört, kann sie richtig sprechen lernen. Schon während des zweiten Lebensjahres gelingt den Kindern immer besser, sprachlich zu differenzieren und ihr Sprachschatz erweitert sich im dritten Lebensjahr auf bis zu 1 000 Wörter. Eltern, wie Erzieherinnen und Mitarbeiter in der Tagespflege unterstützen Kinder nachhaltig in ihrer Sprachentwicklung, indem sie im Alltag viel mit ihnen sprechen. Sie fördern so aktiv die Intelligenz der Kinder, also Verstand, Klugheit und Vernunft. Bilderbücher beflügeln das Kind. Sie fördern seine Gehirnentwicklung und machen es klüger. Zudem ist es für den Erwachsenen wie das Kind ein schönes Erlebnis, sich gemeinsam an etwas zu erfreuen. Märchen verstehen Kinder ab etwa 3 Jahren. Diese, langsam und ausdrucksvoll gesprochen, verzaubern Kinder in eine Traumwelt. Durch ständiges Wiederholen derselben Geschichten werden diese für die Kinder verständlicher, und schon bald erzählen und spielen sie die Handlungen nach (z. B. Hänsel und Gretel oder Dornröschen).

## Rollenspiele

Im Rollenspiel wird die Fantasie des Kindes immer wieder von neuem angeregt. Alltägliches wie Außergewöhnliches wird eingeübt und verarbeitet. Auslöser für Rollenspiele können ein Friseur- oder Arztbesuch sein, ein Wochenenderlebnis im Zoo, das Einkaufen im Supermarkt oder eine Fahrt mit der Mutter im Stadtbus. So kann der Arztbesuch im Spiel vor- oder nachbereitet werden, indem das Kind der Arzt und die Puppe die Patientin darstellt. Für das Rollenspiel werden Requisiten benötigt, wie z. B. Puppenhäuser, Puppen, ein Kaufmannsladen mit Zubehör, eine Kinderküche, alte Telefone, Spielfiguren und jede Menge Tücher, Kostüme, Kleider und Hüte zum Verkleiden. 3-Jährige wollen nicht mehr nur Mama und Papa nachahmen, sondern neue Identitäten ausprobieren wie Lehrerin, Feuerwehrmann, Polizist, Affe, Hund oder Prinzessin. Und: Kinder lernen mehr aus indirekten Botschaften, die über Rollenspiele, Bilderbücher und Märchen vermittelt werden als durch langatmige Erklärungen, da sie die natürliche Neigung besitzen, nachzuahmen, was sie sehen und mit anhören.

### Handpuppenspiele

Eine besondere Faszination schon für die ganz kleinen Kinder ist es, wenn die Erwachsenen ihnen kleine Geschichten mit Handpuppen vorspielen. Anfangs reichen ein oder zwei Handpuppen für ein kleines Theaterspiel aus. Bei den 2-Jährigen sollte man ohne Bühne spielen, sie brauchen noch den engen Kontakt zu den Handpuppen. Für die größeren Kinder lässt sich eine Bühne mit Stühlen oder gespannten Decken schnell aufbauen. Kinder lieben das Puppenspiel und verfolgen es mit großer Aufmerksamkeit. Beim gruppenorientierten Puppenspiel sind die Kinder als Zuschauer und Zuhörer nie in einer passiven Rolle, sondern auch zugleich Beteiligte. Das Puppenspiel wirkt durch seine einfache, kindgemäße, fantasievolle Form und durch seine Emotionalität, die das gefühlsbetonte Erleben des Kleinkindes anspricht. Puppenspiel verspricht Spaß und Vergnügen. Die pädagogische Bedeutung des Puppenspiels für die Persönlichkeitsentwicklung des Kindes ist unumstritten. Durch die Handlung, Bewegung und Veränderung des Spiels machen Kinder die Erfahrung, dass man durch Zuschauen und Zuhören Interessantes erfährt. Dabei verarbeiten sie optische und akustische Eindrücke und setzen diese zueinander in Beziehung.

### Gesellschaftsspiele

Bilderlotto, Memory®, Domino® und Spiele wie „Tierpuzzle für Kleinkinder (Noris®)", oder „Meine ersten Spiele – Erster Obstgarten (HABA®)" und einige andere mehr spielt man mit mindestens einem Mitspieler. Dies ist für das Kleinkind eine neue Erfahrung. Es muss vorgegebene Regeln befolgen und warten, bis es an der Reihe ist. Es kann nicht gerade machen, wie und was es will. Und es gibt die Möglichkeit, dass man auch verlieren kann. Diese Realität auf die Reihe zu bekommen, ist für manches Kind eine harte Nuss. Es muss lernen zu verlieren, Ärger und Frust zu ertragen und einem anderen den Sieg überlassen. Eltern und Erzieherinnen helfen dem Kind am besten, die Welt zu verstehen, indem sie ihm auch sehr behutsam das Verlieren beibringen.

# Spiel- und Beschäftigungsmaterialen

Kinder brauchen Spiel- und Forschungsgegenstände, Spielmaterialien, die auf die Bedürfnisse der Altersgruppe 1–3 abgestimmt sind. Das von der Erzieherin bereitgestellte Spiel-, Gestaltungs- und Beschäftigungsmaterial sollte den Kindern leicht zugänglich sein, damit sie im Freispiel nach Lust und Laune wählen können. Materialien, die für 1- bis 2-Jährige nicht geeignet sind, werden für sie unerreichbar untergebracht. Die folgenden Materialien haben sich beim freien und gelenkten Spielen bewährt:

- Ein Tisch, gedeckt mit Zeichen- und Buntpapier, farbigen Katalogen, Farbstiften, Kleber (Tapetenkleister), abgerundeten, kindgerechten Scheren, Fingerfarben, Pinsel und Lappen – hier können die Kinder frei schaffen und die Materialien ausprobieren. Als Abdeckung für den Tisch eignen sich Wachsdecken oder -sets.
- Als Gesellschaftsspiele am Tisch eignen sich jede Art von Farbspielen mit Würfeln oder Karten (Zahlenwürfelspiele erst für Kinder ab 4 Jah-

ren) Bilder-Lotto, Bilder-Domino®. Es ist ratsam, dass die Erzieherin die Durchführung der Spiele leitet, weil die Kinder, sich selbst überlassen, damit überfordert sind und schnell die Lust am Spiel verlieren.

- Didacta-Puzzle, je nach Alter 12–50 Teile.
- Eine ruhige Ecke mit Bilderbüchern, damit die Kinder das Vorgelesene und -gezeigte nochmals in Ruhe betrachten können.
- Zum Bauen auf dem Fußboden Holzbausteine, Duplo®- und Lego®-Steine sowie größere Lego®-Platten (eventuell Straßenplatten).
- stabile Garagen und Häuser (eventuell aus Kartons herzustellen)
- Bauernhof mit Holztieren
- Autos in jeder Form
- Puppenecke mit Puppenkleidung, -betten und Kochgeschirr
- Arztkoffer
- Werkzeugkasten für kleine Handwerker

**Für das Spiel im Freien**
- Sandkiste, Sandspielzeug, Schaukel
- Seile und Pferdeleinen
- Bälle, größere Bauklötzer
- Kriechtunnel
- eventuell Klettergerüst, Schaukel und Wippe
- Fahrzeuge zum Draufsetzen (Rutsche-Auto)
- Spielzeugtiere aus Kunststoff oder Holz

**Für das Spiel mit allen Sinnen (Wahrnehmung)**
- CD-Player mit entsprechenden Umweltgeräuschen
- Glöckchen, Rasseln, Klanghölzer
- Tier- und Blumenbilder
- Tastbeutel mit verschiedenen Gegenständen
- Tastplatten mit unterschiedlichen Oberflächen
- Tücher und Decken
- Quietsch- und Stofftiere
- Tastdomino®
- Farbenlegespiele, Farbensteckbretter

**Für die gezielte Förderung der Motorik**
- Nachziehspielzeug
- Lauftiere am Schiebestock
- Bobby-Car
- Puppenwagen
- Kugelschlagspiel
- Schraubspindel, Schraubbecher, Dosen mit Drehverschluss
- Knete zum Formen und Verändern
- Rassel, Spieldose mit Drehbügel, Tamburin
- Murmelbahn und Scheibenpyramide
- Holz-Einpassspiele mit Greifknöpfen
- Zahnradlabyrinth
- Angel- und Fädelspiele
- Kugelschiebespiele mit Bögen und Spiralen
- Luftballons
- großes Bettlaken (z. B. als Fangtuch für Bälle und Luftballons)
- Bauklötze, Duplo®-Steine, Baufix, Nopper
- Softbälle und Tennisbälle zum Kullern und zum Werfen
- Seile und Reifen
- Murmeln in unterschiedlichen Größen
- Lege-Lotto
- Bastelmaterial (Papier zum Reißen, Schnippeln, Bekleben)

**Für die Sprachförderung und Fantasieanregung**
- Bilderbücher, Bildtafeln, Illustriertenbilder zum Vortragen und Selbstbetrachten
- Kindertelefone, altes Handy
- Kiste mit Stoffpuppen und Schmusetieren
- Puppenstube und Puppenküche mit Zubehör
- Bauernhof mit Figuren und Fahrzeugen
- Spiegel
- CD-Player und CDs mit Geschichten
- digitales Aufnahmegerät
- Verkleidungskiste

**Für das Singen und Musizieren**
- CD-Player und CDs mit Geräusch- und Musikaufnahmen
- Orff'sches Instrumentarium (Rasseln, Schellenkranz, Klanghölzer, Trommeln)
- Geräusche-Dosen mit unterschiedlichen Füllungen
- kleine Lieder-Sammlung
- alte Topfdeckel, Kochtöpfe, Holzlöffel als Schlaginstrumente

**Naturmaterialien**
Auch aus Naturmaterialien kann man vieles herstellen; da sie leicht schimmeln, sollte man sie in einem luftdurchlässigen Karton aufbewahren. Gräser, Blätter und Blumen 1 bis 2 Wochen zwischen Zeitungspapier oder alten Telefonbüchern pressen und sie dann im kleinen Karton aufbewahren. Bei Spaziergängen in Wald und Feld lassen sich wunderbare Materialien sammeln:
- Äste, Holzscheiben mit Rinde (Jahresringe!)
- Blätter, Blumen, Gräser
- Bucheckern-Hülsen
- Federn
- Moos
- Tannen-, Kiefern-, Erlen-, Pinien und Lärchenzapfen
- Steine
- Muscheln

# Für das Malen und Gestalten

| Materialien | Eigenschaften und Tipps |
|---|---|
| **Papiersorten** | |
| Buntpapier | Glänzend, alle Farben, gummiert oder ungummiert, verschiedene Größen, vielseitig verwendbar. |
| Faltpapier | Dünnes Papier, alle Farben, quadratisch, rechteckig, rund, verschiedene Farben und Größen. |
| Fotokarton | Dünner Karton, alle Farben, genormte Größen. |
| Goldfolie | Glänzend, stabil, Farben: Gold, Silber, Rot, Blau und Grün, als Rolle. |
| Kartonpapier | Dickerer Karton, einseitig farbig, viele Farben, genormte Größen. |
| Krepppapier | Kreppstruktur, alle Farben, färbt in Verbindung mit Wasser und Kleber. |
| Tonpapier | Dünner Karton, alle Farben, genormte Größen. |
| Transparentpapier | Durchscheinend, alle Farben, in Bögen erhältlich. |
| **Farben** | |
| Fingerfarben | Gut deckend, auswaschbar, in Tuben, kleinere Mengen in Jogurtbechern oder Gläser abfüllen, alle Farben. Wir benutzen die Farben Weiß, Schwarz, Rot, Blau, Grün, Gelb. |
| Wachsmalstifte | Farbstifte, leuchtende, kräftige Farben, am besten ungiftige, die Bienenwachs enthalten, kaufen. |
| **Pinsel** | |
| Borstenpinsel | Für großflächiges Malen mit Fingerfarben, verschiedene Stärken, ratsam Nr. 8–10. |
| **Kleber** | |
| flüssige Kleber | Stark klebend, nicht auswaschbar, Flecken mit Brennspiritus ausreiben, bei kleineren Kindern nur in Gegenwart mit Erwachsenen benutzen. |
| Klebestifte | Für leichte Klebearbeiten, auch für kleinere Kinder geeignet. |
| Tapetenkleister | Pulver, mit Wasser nach Gebrauchsanweisung anrühren, auswaschbar, kleinere Mengen in Gläser abfüllen, mit dem Pinsel auftragen, auch für kleinere Kinder geeignet, in Maler- oder Heimwerkergeschäften erhältlich. |

Alle Materialien sind in Bastel- oder Schreibwarengeschäften aber auch über Online-Verkaufsshops zu erhalten.

| Materialien | Eigenschaften und Tipps | Wo man sie beziehen kann |
|---|---|---|
| Wäscheklammern | Aus Holz. | Supermarkt |
| Bastelklammern | Die Hälfte einer Wäscheklammer. | Bastelgeschäft |
| Blumendraht | Gut biegbarer Draht. | Blumen- oder Bastelgeschäft |
| Draht | Gibt es in verschiedenen Stärken, mit der Flachzange zu biegen. | Bastel- oder Heimwerkergeschäft |
| Efaplast | Feuchte, knetartige Masse, trocknet an der Luft, Farben: Braun und Weiß, kann man nach dem Trocknen bemalen, 250-g-Packungen. | |
| Holzperlen | Naturfarben und alle Farben, lackierte Kugeln, verschieden große Durchmesser, Loch in der Mitte. | Bastelgeschäft |
| Hutgummi | Starkes Gummi, viele Farben, als Rolle erhältlich. | Handarbeits- oder Kurzwarengeschäft |
| Klebeband | Durchsichtig, in Rollen. | Bastel- oder Schreibwarengeschäft |
| Knete | Weiche, knetbare Masse, verschiedene Farben, in Dosen aufbewahren, dann ist sie lange Zeit verwendbar. | Bastelgeschäft |
| Naturwolle | Angesponnene, ungereinigte, naturfarbene oder buntgefärbte Wolle, watteähnlich. | Handarbeits- oder Bastelgeschäft |
| Pfeifenputzer | Draht, mit Kunsthaar umgeben, alle Farben, mit Schere oder Zange durchzuschneiden. | Tabak- oder Bastelgeschäft |
| Ton | Weiße, helle oder dunkelbraune Masse, muss feuchtgehalten werden, nur kiloweise erhältlich. | Töpferei- oder Bastelgeschäft |
| Glasur | Pulver, das mit Wasser angerührt wird und mit einem Pinsel auf den Schrühbrand (1. Brand des Tons) aufgetragen wird. In Transparent und vielen Farben, matt oder hochglänzend. Farbskala zeigen lassen, da das Pulver weiß bis dunkelgrau aussieht. Nach dem Auftragen nochmals brennen lassen. | Töpferei- oder Bastelgeschäft |
| Wattebausch | 100-g-Packungen, in den Farben Weiß, Gelb, Rosa. | Drogerie |

**Materialien zum Entdecken, Begreifen und Handeln**

- Aquarium in der Krippe
- Bauklötze und Bauelemente
- Bildkarten und Abbildungen aus Umwelt und Natur
- Behälter (Schüsseln, Schalen, Dosen, Blumentöpfe)
- CD-Player und CDs mit Geräuschen aus der Umwelt und Natur
- Farbkästen, Pinsel, Wasserbehälter
- dicke Filzstifte, Fingerfarben
- Gießkannen, Gießspielzeug und Gartengeräte (kleine Schaufeln, Harken)
- Gebrauchskarton, Spanplatten als Unterlagen für Collagen und Montagen
- Küchengeräte
- Luftballons
- Lupen und Vergrößerungsgläser
- Modelliermassen, Knete, Ton
- Papier in verschiedenen Sorten und Größen
- Schuhkartons
- Schwämme
- Spiegel
- Spielzeuge
- Stoffreste
- Tapetenrollen
- Tücher
- Verkleidungskiste gefüllt mit Hemden, Hüten, Röcken, Handtaschen ...
- Wellpappe
- „Haushaltskram" (Becher, Töpfe, Kartons in klein und groß)
- für Draußen: Sandkiste, Eimer, Wasser, Äste, Steine, Blätter ...

Alle Dinge, die das Kind interessieren, macht es zu seinen Spielzeugen. Und auch das macht den Reiz des Spielens aus. Das Kind lernt während des Spielens und durch das Spiel. Und Spielzeug, das die Intelligenz des Kindes herausfordert, kann schnell zu einem Lieblingsspielzeug werden, wenn es dem Kind Erfolgserlebnisse verschafft. Das allerliebste Spielzeug des Kindes ist jedoch sein Gehirn, das immer wieder und immer stärker nach Dingen forscht, die seine Fantasie und Kreativität anregen. Mit den genannten Spielmitteln und Fördermaterialien bieten wir dem Kind genügend „Nahrung" zum Entdecken und Erschaffen.

# Didaktisch-methodische Hinweise zur Spielanleitung und Spielbegleitung

Das Erleben von Aktivität und Passivität, Höhen und Tiefen, Freude und Leid findet am zwanglosesten im Freispiel statt. Das Kleinkind erhält genügend Gelegenheiten, im selbständigen Spiel Erfahrungen zu sammeln, die seine Persönlichkeit stärken. Spielmittel, Spielinhalte, Spielverlauf und Spielpartner (Gleichaltrige oder Erwachsene) werden vom Kind selbst bestimmt. Das Freispiel ist bedürfnisorientiert. Es erfreut und befriedigt das Kind, wenn es sich mit großem Elan auf das Spielzeug stürzt, das ihm gerade in die Hände kommt. Es kann vielseitige Kontakte aufnehmen, lernt das Spielgeschehen zu planen und Entscheidungen zu treffen. Im Umgang mit anderen Kindern lernt es immer mehr, Rücksicht auf andere zu nehmen, Spielzeug abzugeben und sich Spielregeln unterzuordnen. Kinder spielen von sich heraus, wenn sie nicht durch äußere Einflüsse abgelenkt werden.

## Freies und angeleitetes Spielen

Kleinkinder sind bewegungsaktiv. Für sie müssen ausreichende Spielflächen im Raum und im Freien zur Verfügung stehen. Im Raum brauchen die Kinder Kuschel- und Spielecken zum Entspannen oder zum Bilderbücher-Betrachten. Und kleine Ecken, wo sie ungestört spielen können. Eine Wolldecke über einen Tisch gelegt, dient als Höhle, große Pappkartons und Stühle werden zu Zügen, Autos oder Hundehütten umfunktioniert. Für das Freispiel lassen wir den Kindern genügend Zeit. Auch halten wir ausgewähltes Spielmaterial bereit und weisen auf Spielmöglichkeiten hin. Kleinkinder verlangen nach Vertrautem und Bekanntem, darin leben sie sich aus. Für die Erzieherin gilt beim Freispiel in der Krippe die gleiche Regel wie im Kindergarten: „Äußerlich passiv und innerlich aktiv". Sie sorgt für eine ausgeglichene und heitere Spielatmosphäre, hält sich im Hintergrund und lässt die Kinder ungestört spielen. Neu hinzugekommene und unsichere Kinder werden von ihr einfühlsam ermuntert. Die Jüngsten sind beim Spielen in der Gruppe ohnehin noch sehr auf die Erzieherin fixiert.

Für das begleitete Spiel in der Krippe ist es wichtig, dass die Erzieherin Spielfreude zeigt und die Kinder begeistern kann. Sie muss entwicklungsspezifische Spielbedürfnisse erkennen, zum Spielen motivieren können, Spielformen, Spielfunktionen, Materialien, Hilfsmittel und Medien kennen, über altersgemäße Spielangebote verfügen und in der Lage sein, günstige Spielbedingungen zu schaffen. Die Reaktionen der Kinder auf begleitete Spielstunden können Zustimmung, Freude, Heiterkeit und Glück ausdrücken. Es gibt aber auch Konfliktsituationen, die von der Erzieherin aufzufangen sind. Sie muss Verständnis und Geduld bei den Kindern aufbringen, die lustlos sind, sich weigern mitzuspielen, sich nicht an Regeln halten wollen, müde und quengelig sind. Letztlich muss sie auch spontan und flexibel auf unvorhersehbare Situationen wie Trotz oder „Ausraster" ihrer kleinen Schützlinge reagieren können. In bestimmten Situationen wird die Erzieherin dann Spiele einsetzen, die es ermöglichen, aggressive Bedürfnisse und überschüssige körperliche Energien auszuleben. Sie hat es in der Hand für eine Spielatmosphäre und Spielbedingungen zu sorgen, in der sich alle wohlfühlen können.

In der Krippe ist es selten sinnvoll, alle Kinder der Gruppe für ein Spiel- oder Gestaltungsthema zu interessieren. Dies geschieht eher im Rahmen von Kreis- und Bewegungsspielen und beim gemeinsamen Singen und Musizieren. Die Jüngsten spielen eher allein in Sichtweite zur Erzieherin, zu zweit mit einem gleichaltrigen Kind oder im Tageslauf in einer Vielzahl wechselnd zusammengesetzter Teilgruppen mit unterschiedlichen Tätigkeiten an unterschiedlichen Schauplätzen. Frühkindliche Spielsituationen sind materialintensiv, eher „zerlegend" als „konstruierend", ohne vorausschauendes Ergebnis, kurz, eindringlich und erschöpfend. Die Funktionen der Spiele und Gestaltungselemente lassen sich in fünf Lern- bzw. Förderungsbereiche aufgliedern:

**Kognitiver Bereich** (Kenntnis und Erkenntnisbereich): z. B. Wahrnehmung, Sprach- und Sinnesschulung, Übungen der Konzentration, Begriffsbildung, Differenzierung, Selbsterkenntnis, Musizieren, Umwelterschließung.

**Motorischer Bereich** (Bewegung des Körpers): z. B. Geschicklichkeit, Bewegungssicherheit, Entwicklung manueller Fertigkeiten, Selbstsicherheit usw.

**Sozialer Bereich** (Entwicklung und Förderung sozialer Verhaltensweisen), z. B. Regelverständnis, Rücksichtnahme, soziale Wahrnehmung, Selbsterkenntnis, abwarten, verzichten und abgeben können, sich selbst und andere entdecken.

**Emotionaler Bereich** (Gefühlsbereich): z. B. Spielfreude, positives Lebensgefühl haben, Verarbeitung von Erlebnissen, Genießen musisch-kreativer Aktivitäten, Unterhaltung, das Erleben des Jahresverlaufs, Freude an Festen und Feiern.

**Imaginativer Bereich** (Vorstellungskraft und Fantasie): z. B. Ideen und Einfälle verwirklichen durch Musizieren, Gestalten, Malen und Darstellen.

Die über 250 Spiel- und Gestaltungsangebote dieses Buches orientieren sich an diesen wichtigen Lern- und Förderungsbereichen. Neben der Spielbeschreibung und entsprechenden didaktisch-methodischen Hinweisen gibt es Angaben zum Alter der Kinder, zu den jeweils geförderten Kompetenzen und den benötigten Materialien, Medien und Hilfsmitteln. Die Altersangaben beziehen sich auf das Mindestalter der Kinder. Eine Altersgrenze nach oben gibt es bei vielen Spielen und Aktivitäten nicht, sodass man sie auch mit Kindern im Kindergartenalter durchführen kann. Zum schnellen Auffinden sind die Spiel- und Gestaltungsangebote in einem Register am Ende des Buches aufgeführt.

# Wahrnehmen mit allen Sinnen – sich spielend die Umwelt erschließen

Unsere geistige Entwicklung hat ihre Grundlage in der Wahrnehmung. Ein Kind bringt seine sinnlichen Fähigkeiten schon mit auf diese Welt. Sie sind jedoch noch recht willkürlich und das Kleinkind muss das Sehen, Hören, Riechen, Schmecken und Fühlen erst richtig lernen.

Um sich mit seiner Lebenswirklichkeit auseinandersetzen zu können, muss das Kind in der Lage sein, aufmerksam wahrzunehmen. Nur so gewinnt es Informationen, die ihm helfen, sich zu orientieren und angemessen zu verhalten.

Eine gute Basis für die gesamte Entwicklung legen wir bereits beim Kleinkind, wenn wir ihm auf spielerische Weise viele sinnliche Anregungen bieten. Die gezielte Förderung im Bereich der Sinneswahrnehmungen unterstützt die Entwicklung des Gehirns und hilft dem Kind, sich und seine unmittelbare Umwelt bewusster zu erfahren und kennen zu lernen. Mit je dem sinnlichen Reiz, jedem neuen Eindruck wächst auch das Fassungsvermögen des kindlichen Hirns. Jedes Wahrnehmungsspiel, in dem das Kind seine Sinne erprobt, bedeutet intensives Aufnehmen. Das Kind gewinnt neue Perspektiven, entwickelt Fähigkeiten und Fertigkeiten, löst praktische wie emotionale Probleme. Es erforscht, entdeckt und erobert mit jedem Spiel ein Stückchen mehr von seiner Welt.

Das ganze Leben besteht aus Sinneseindrücken und Sinneserfahrungen, die sich meist beim Spielen „so ganz nebenbei" ergeben. Und als Erwachsene erinnern wir uns heute noch nachhaltig an Düfte, Bilder und Geräusche unserer eigenen Kindheit.

Spiele zur Förderung der Sinneswahrnehmung verbessern die Wahrnehmungsleistungen des Kindes. Es lernt, Formen wieder zu erkennen, Töne und Geräusche zu unterscheiden und in Bewegungen umzusetzen. Es übt seine Sinne beim Schmecken von Früchten, beim Riechen zerriebener Minze-Blätter. Es erlebt Vogelgezwitscher und kann es vom Bellen des Hundes oder dem Miauen der Katze unterscheiden und es läuft barfuß über Gras und glatte Kieselsteine, die an seinen Füßen kitzeln.

In der Krippe wie in der Tagesbetreuung bieten sich immer wieder Gelegenheiten für sinnliche Erlebnisse. Neben der sinnlichen Wahrnehmung spielt beim Kleinkind auch die emotionale und soziale Wahrnehmung eine zunehmende Bedeutung. Das Kleinkind ist durchaus in der Lage, auf Emotionen anderer gefühlsmäßig einzugehen. Sehen sie ein trauriges Gesicht, kann es sein, dass sie versuchen zu trösten oder zu helfen, ohne dass es ihnen zuvor vermittelt wurde. Kleinkinder können mitempfinden. Diese frühe Form der Empathie beruht auf einer angeborenen Verknüpfung der Wahrnehmung von Gefühlen bei anderen und der Anlegung eines entsprechenden Gefühls bei sich selbst. Diese angelegten Fähigkeiten können wir gezielt fördern und erweitern. Im Spiel erlebt das Kind die Einfühlsamkeit am eigenen Körper. Je mehr diese Erfahrungen zu seinem Leben gehören, kann es selbst entsprechend reagieren.

Um die Kleinkinder nicht zu ermüden, empfiehlt es sich, Spiele und Übungen zur Sinneswahrnehmung auf 10–15 Minuten zu begrenzen.

## Rundflug

*Alter: ab 1 Jahr*
*Geförderte Kompetenzen: Wahrnehmung; Entwicklung der Sinne; Motorik,*
*Konzentration; Spielfreude*

Ein schönes Spiel für die Jüngsten: Zunächst wird der kleine Paul, dann Hannah, dann der Felix von Ihnen auf den Armen durch die Gegend getragen. Wie ein Hubschrauberpilot wird alles von oben betrachtet. Zunächst geht der „Rundflug" durch den Gruppenraum, wo Schränke, Regale, Spielzeuge, Bilderbücher, Stühle und Tische und andere spannende Dinge gezeigt und erklärt werden. Wenn es das Wetter zulässt, kann der Höhenflug auch durch den Garten und über den Spielplatz des Krippengeländes fortgesetzt werden.

## Duftsafari

*Alter: ab 2 Jahren*
*Geförderte Kompetenzen: Sinneswahrnehmung; sich verbal äußern, benennen und beschreiben*

Wandern Sie mit einer Kollegin und mehreren Kindern durch den Blumengarten oder den nahe gelegenen Park. Gemeinsam betrachten sie die verschiedenen Blumenbeete. Welche Farben leuchten besonders schön? Welche Blumen sind besonders klein/groß/ und welche duften am besten?

## Himmelsträumer

*Alter: ab 2 Jahren*
*Geförderte Kompetenzen: Wahrnehmung; Differenzieren von Hell und Dunkel, Licht und Farben; Verbalisieren*

Heute beobachten Sie gemeinsam mit den Kindern den Himmel. Wie sieht er am Morgen aus, wie am Mittag? Woher kommen die Wolken? Wie sehen sie aus? Wie sieht der Himmel bei sonnigem, wie bei grauem, dunklem Wetter aus? Wo kommen wohl die Wolken her, wohin wandern sie? Die 3-Jährigen können vielleicht schon Farben und Veränderungen am Himmel beschreiben.

## Riechen und Schmecken

*Alter: ab 3 Jahren*
*Geförderte Kompetenzen: Differenzieren; Konzentration; Merkfähigkeit; Unterscheiden; Verbalisierung; Vergleichen; Wissenserweiterung; Wahrnehmung*

Die Kinder bekommen ein Tuch umgebunden oder müssen die Augen schließen. Nun werden kleine Gläser mit verschiedenem Inhalt herumgereicht, der nur durch Riechen erkannt werden soll. Auf Teelöffeln werden kleine Proben zum „Erschmecken" angeboten. Z. B:

*Geruchssinn:* Parfüm, Zwiebel, Blumen, Leder, Käse, Honig, gekochtes Ei, Holz, Apfel, Kartoffel, Creme, Senf.

*Geschmackssinn:* Apfel, Banane, Haselnuss, Zucker, Gurke, Pfirsich, Möhre, Brot, Kuchen.

 **Tipp:** *Es können auch Getränke probiert werden: Milch, Kakao, Tee, Apfelsaft, Mineralwasser, Kaffee usw.*

## Hören, Erkennen, Benennen

*Alter: ab 3 Jahren*
*Geförderte Kompetenzen: Gehör; Erkennen; Differenzieren; Konzentration; Merkfähigkeit; Unterscheiden; Verbalisierung*
*Material: CD-Player mit entsprechenden Umweltgeräuschen*

Setzen Sie Kassetten oder CDs ein und lassen die Kinder aufgenommene Geräusche raten (Straßenverkehr, Schreibmaschine, Telefon, Türklingel, Küchenmixer, Tierstimmen usw.).

**Variation:** Hinter einem Vorhang erklingen verschiedene Geräusche.

## Erkenne dein Lieblingsstofftier

*Alter: ab 3 Jahren*
*Geförderte Kompetenzen: Wahrnehmung; Differenzieren; Erkennen; Motorik; Tasten*

Bitten Sie die Kinder, ihr Lieblingsstofftier mitzubringen. Alle Mitspieler legen ihre Stofftiere und/oder Puppen auf den Boden. Wem gelingt es, mit geschlossenen Augen sein Lieblingsstofftier herauszufinden?

## Wer steht hinter dir?

*Alter: ab 3 Jahren*
*Geförderte Kompetenzen: Gehör; Erkennen und Zuordnen von Stimmen; Konzentration; Differenzierung; Merkfähigkeit; Unterscheiden; Vergleichen*

Die Kinder sitzen im Kreis. Winken Sie ein Kind zu sich. Es legt den Kopf auf Ihren Schoß, sodass es nichts mehr sehen kann. Nun wird ein Mitspieler ausgesucht, der hinter das Kind tritt und sagt: *„Eins, zwei, drei, vier, wer steht hinter dir?"* Fällt das Erkennen zu schwer, geben Sie kleine Hilfestellungen. Jedes Kind sollte einmal an die Reihe kommen.

## Glockenklang

*Alter: ab 1 Jahr*
*Geförderte Kompetenzen: Klänge erkennen und Geräusche unterscheiden*
*Material: Glöckchen*

Läuten Sie hinter dem Rücken eines Kindes mit einem Glöckchen, zunächst leise, dann lauter werdend. Dreht es sich nach dem Geräusch um? Etwas ältere Kinder halten sich die Hände vor die Augen, während Sie verschiedene Geräusche erzeugen und dabei häufiger ihre Position wechseln. Mal kommt das Geräusch von links, mal von rechts. Erkennt das jeweilige Kind, aus welcher Richtung die Töne kommen? Lassen Sie es mit dem Finger hindeuten. Dann ist der nächste „Horcher" an der Reihe!

## Geräusche erkennen und zuordnen

*Alter: ab 3 Jahren*
*Geförderte Kompetenzen: Wahrnehmung; Geräusche differenzieren und Gegenständen zuordnen; Wissenserweiterung*
*Material: beliebige Gegenstände wie Rassel; Glöckchen; Schlüsselbund; Gummiball; Plüschtier; Spielwürfel usw.*

Sammeln Sie Gegenstände zusammen, die ein typisches Geräusch von sich geben, wenn sie auf den Boden fallen. Nun setzen sich alle beteiligten Kinder auf den Boden, der nicht mit geräuschdämpfendem Teppichboden belegt sein sollte. Zeigen Sie die einzelnen Gegenstände und lassen sie von den Kindern benennen. Dann drehen sich alle Kinder um und Sie lassen einen Gegenstand auf den Boden fallen. Welcher der zuvor gezeigten Gegenstände macht wohl ein derartiges Geräusch?

## Regentropfenmusik

*Alter: ab 1 Jahr*
*Geförderte Kompetenzen: Geräusche unterscheiden; Konzentration*

Heute regnet es. Welche ein Glück, denn Sie lauschen gemeinsam mit Ihren Kindern, welche Geräusche der Regen von sich gibt, wenn er gegen die Fensterscheiben klatscht, aufs Dach des Kindergartens pladdert, auf den Plattenweg vor dem Eingang prasselt, gegen die große Tür peitscht oder einfach nur vom Himmel rauscht und schüttet. Die Kinder erzählen, was sie hören ...

## Tastbeutel

*Alter: ab 3 Jahren*
*Geförderte Kompetenzen: Tastsinn; Merkfähigkeit; Zählen; Differenzieren; Unterscheiden; Vergleichen; Verbalisierung; Wahrnehmung*
*Material: 1 Beutel und 5 verschiedene Gegenstände (z. B. Spielsteine, Spielautos, Bauklötze usw.)*

Stecken Sie verschiedene Gegenstände in einen Beutel. Jedes Kind darf in den Beutel greifen und die Dinge abtasten. Nach einer bestimmten Zeit geht der Beutel an den nächsten Mitspieler weiter. Wer hat alle Gegenstände richtig ertastet? Wie viele Gegenstände waren es?

## Vertauschte Tier-, Blumen- oder Farbbilder

*Alter: ab 3 Jahren*
*Geförderte Kompetenzen: Wahrnehmen; Erkennen; Zuordnen; Reaktion*
*Material: Tier-, Blumen- oder Farbbilder*

Die Kinder bilden zwei Gruppen. Jede Gruppe erhält ein Bild mit einem Motiv, die Bilder innerhalb jeder Gruppe müssen gleich sein. Die Gruppen stehen sich weit entfernt im Raum gegenüber. Nun nennen Sie zwei Motive, diese beiden vertauschen miteinander die Plätze. Zum Schluss können auch alle zwei Gruppen untereinander die Plätze vertauschen.

## Goldschätze

*Alter: ab 3 Jahren*
*Geförderte Kompetenzen: Wahrnehmung; Beobachtungsfähigkeit; Geduld,*
*Aufmerksamkeit; Ausdauer; Spielfreude*
*Material: Kieselsteine unterschiedlicher Größe; Goldfarbe*

Bemalen oder besprühen Sie mehrere Kieselsteine mit Goldfarbe. Verstecken Sie sie im Gruppenraum oder auf dem Freigelände. Hier eignen sich besonders ein Steingarten, Sträucher oder Baumwurzeln. Jetzt gehen die Schatzjäger auf die Suche. Es gilt, genau hinzuschauen und geduldig zu suchen. Wer findet die meisten Goldklumpen?

## Woraus ist der Gegenstand?

*Alter: ab 3 Jahren*
*Geförderte Kompetenzen: Erkennen; Schnelligkeit; Verbalisierung*
*Material: verschiedene Gegenstände aus unterschiedlichem Material (z. B.*
*aus Holz, Stoff; Metall, Pappe, Gummi, Ton, Glas usw.)*

Greifen Sie aus einem Korb nacheinander Gegenstände und halten sie hoch mit der Frage: „Woraus ist der Gegenstand gemacht?" Wer es zuerst weiß, darf den Gegenstand behalten. Gewinner ist derjenige, der am Ende des Spiels die meisten Gegenstände vor sich liegen hat.

## Zeig mir deine Hände!

*Alter:* ab 1 Jahr
*Geförderte Kompetenzen:* Körperteile erkennen und verbalisieren

Melodie und Text: überliefert

Zeig mir deine Hände, Hände, Hände,
ja, das sind deine Hände,
*(Hände hochhalten)*
ei, wie fein.
*(klatschen)*

**Bemerkungen:** So können alle Körperteile nacheinander benannt werden.
Je nach Entwicklungsstand der Kinder können sie gefragt werden, welcher
Körperteil als Nächstes drankommen soll.

## Zauberhafte Seifenblasen

*Alter:* ab 1 Jahr
*Geförderte Kompetenzen:* Entwicklung der Sinne; Feinmotorik; Konzentration; Selbsterkenntnis
*Material:* Seifenblasen aus der Dose

Pusten Sie einige Seifenblasen für die Kinder, die fasziniert die zarten, schillernden Gebilde beobachten. Berührt man sie, zerplatzen sie sofort. Älteren Kindern kann es vielleicht gelingen, eine Seife für einen Augenblick auf der Hand zu balancieren, bevor sie zerplatzt.

## Wer hat das Glöckchen?

*Alter: ab 3 Jahren*
*Geförderte Kompetenzen: Konzentration; Beobachten; Erkennen; Gehör*
*Material: 1 Glöckchen*

Für einen Augenblick wird ein Kind aus dem Raum geschickt. Die anderen Kinder stellen sich hintereinander auf und kreuzen dabei die Hände auf dem Rücken. Einer der Spieler erhält ein Glöckchen, das er hinter seinem Rücken versteckt hält. Jetzt wird das Kind herbeigerufen und das Glöckchen ertönt. Das Kind muss raten, wer das Glöckchen hinter seinem Rücken versteckt. Wenn es richtig rät, darf der Spieler hinausgehen, der das Glöckchen versteckt hielt. Lassen Sie die kleineren Kinder bei diesem Spiel mehrmals raten.

## Fangt die Sonne ein!

*Alter: ab 3 Jahren*
*Geförderte Kompetenzen: Sinneswahrnehmung; Spielfreude*
*Material: 2 Taschenspiegel*

Zunächst versuchen die Kinder mit einem Taschenspiegel die Sonne einzufangen und den Sonnenfleck durch den Gruppenraum zu lenken. Auch kann ein Kind mit einem zweiten Spiegel die Sonne einfangen und es beginnt eine Verfolgungsjagd. Wer fängt wen?

## Rau und glatt erkennen

*Alter: ab 3 Jahren*
*Geförderte Kompetenzen: Tasten; Beschreibung der Gegenstände; Motorik;*
*Unterscheiden; Differenzieren; Erkennen; Verbalisierung; Wahrnehmung;*
*Zuordnen*
*Material: raues Sandpapier; glatte Pappe; Stäbchen; Ringe usw.*

Das Kind tastet über unterschiedlich strukturierte Oberflächen (z. B. glatte Pappe, raues Sandpapier). Es können auch verschiedene Formen aus verschiedenen Materialien auf ein großes Stück Pappe geklebt werden: rund, eckig, schmal, breit, kurz, lang. Das Kind befühlt, Sie helfen bei der Begriffsklärung.

## Mein Lieblingsbaum

*Alter: ab 1 Jahr*
*Geförderte Kompetenzen: taktile Wahrnehmung; Eindrücke über die Haut*
*wahrnehmen; neue Erfahrungen sammeln*
*Material: Tuch; Papiertaschentücher*

Ein kleines Wahrnehmungsspiel schon für die Jüngsten, bei dem Sie mit einem Kind auf dem Arm durch den Garten oder den Park gehen. Gemeinsam berühren, tasten, streicheln sie verschiedene Bäume. Wie fühlt sich die Rinde an? Rau oder glatt, kühl oder warm? Die etwas älteren Kinder suchen sich in der Nähe einen Lieblingsbaum aus und tasten ihn ab. Danach können sie mit Hilfe der Erzieherin mit verbundenen Augen nacheinander von einem Baum zum anderen geführt werden. Wer erkennt beim Abtasten seinen Lieblingsbaum?

## Eis in meiner Hand

*Alter: ab 2 Jahren*
*Geförderte Kompetenzen: Sinneswahrnehmung; Motorik; Konzentration;*
*Selbsterkenntnis; Verbalisieren*
*Material: Kühlschrank mit Eisfach; Eiswürfelform; Wasser; etwas Apfelsaft;*
*Orangensaft und Himbeersirup*

Stellen Sie aus den obigen Zutaten Eiswürfel in verschiedenen Farben her. Unter warmem Wasser werden die Würfel herausgelöst, in eine große Kunststoffschale geschüttet und den Kindern zum Spielen gegeben. Wie fühlen sich die Würfel an (kalt, glatt und rutschig)? Was geschieht, wenn ich sie einfach nur so in der Hand halte? Wie sieht es aus, wenn ich sie gegen das Licht halte, wenn ich damit über meine Arme reibe und daran lecke? Ein wirklich schönes Wahrnehmungs- und Sommerspiel zugleich.

## Tastdecke

*Alter: ab 3 Jahren*
*Geförderte Kompetenzen: Sinneswahrnehmung; Feinmotorik; Konzentration*
*und Aufmerksamkeit; Denken; Verbalisieren*
*Material: 1 großes Laken oder 1 dünne Decke; verschiedene Spielzeuge*

Lassen Sie einige Spielzeuge (z. B. eine Puppe, ein Auto, ein Stofftier) unter dem Laken verschwinden. Ein Kind tastet die Dinge durch den Stoff ab. Fühlt es, welche Gegenstände sich unter dem Laken verstecken?

## Heiß oder kalt?

*Alter: ab 3 Jahren*
*Geförderte Kompetenzen: Beobachten; Erkennen; Differenzieren; Reaktions-*
*fähigkeit; Spielfreude*
*Material: beliebige Gegenstände zum Verstecken*

Bei diesem klassischen Kinderspiel verlässt ein Mitspieler den Raum. Die anderen verstecken jetzt einen beliebigen Gegenstand. Der Wartende wird hereingerufen und hat die Aufgabe, den Gegenstand zu suchen. Nähert er sich dem Gegenstand, sagen alle „warm". Kommt er immer näher, so wird es „heiß", „heißer", „ganz heiß". Entfernt sich der Suchende vom Gegenstand, so sagen die anderen z. B. „kalt", „kälter", „eiskalt" und so weiter.

## Leise, ganz leise!

*Alter: ab 3 Jahren*
*Geförderte Kompetenzen: Gehörsinn; manuelle Geschicklichkeit und Ge-*
*duld; Beobachten; Motorik; Wahrnehmung*
*Material: 4 Teller*

Für dieses Spiel werden vier Teller benötigt. Erklären Sie zunächst: *„Stellt euch vor, im Nebenzimmer schläft jemand, er darf nicht geweckt werden. Es müssen aber vier Teller aufeinander gestellt werden."* Dann nennen Sie ein Kind aus dem Kreis, das nun ganz leise die Teller stapelt. Hört ein zuschauendes Kind aus dem Kreis etwas, so hebt es die Hand. Ist der Vorgang beendet, kommt ein neues Kind an die Reihe.

## Schattenfänger

*Alter: ab 3 Jahren*
*Geförderte Kompetenzen: Sinneswahrnehmung; Aufmerksamkeit; Reaktion; Formen erkennen*

Welcher Gegenstand wirft welchen Schatten und welchen Schatten werfe ich selbst? Wann und wie verändert sich ein Schatten? Versuch doch meinen Schatten zu fangen! Jetzt fange ich deinen Schatten. Gemeinsam erfinden Sie mit den Kindern immer neue Spiele mit dem fremden und dem eigenen Schatten. Ein schöner Sommerspass, insbesondere für das Spiel im Freien.

## Felix, piep einmal!

*Alter: ab 3 Jahren*
*Geförderte Kompetenzen: Gehör; Differenzierung; Bewegen; Kommunikation; Unterscheiden; Erkennen*
*Material: 1 Tuch*

Ein Stuhlkreis wird gebildet. Ein Kind mit verbundenen Augen darf herumgehen und sich einem Kind auf den Schoß setzen und sagen: *„Hänschen, piep einmal!"* Der angesprochene Mitspieler muss nun „piep" sagen. Erkennt das erste Kind die Stimme, darf es noch einmal raten. Sollte das „Hänschen" nur sehr schwer zu erraten sein, können Sie auch kleine Hilfestellungen geben, z. B.: *„Der Felix trägt rote Strümpfe".*

## Kim-Spiele

*Alter: ab 3 Jahren*
*Geförderte Kompetenzen: Sinneswahrnehmung; Erkennen; Benennen; Gedächtnis; Reflexion*
*Material: verschiedene Gegenstände*

Kim-Spiele sind Gedächtnisübungen in vielen Variationen. Sie heißen so nach dem Titelhelden eines Romanes von Rudyard Kipling. Das indische Waisenkind Kim unterliegt bei einem Gedächtnisspiel. Um ein ebenso gutes Gedächtnis zu erlangen wie sein siegreicher Gegner, trainiert es eifrig seine Merkfähigkeit ...

## Augen-Kim

Auf einem Tablett liegen verschiedene Gegenstände (unterschiedlich nach Größe, Form, Zweck usw.), sie sind zunächst mit einem Tuch verdeckt. Auf ein Zeichen hin wird das Tuch entfernt und alle betrachten bei absolutem Schweigen die Dinge. Dann werden sie wieder zugedeckt. Jetzt muss jedes Kind eine möglichst große Anzahl der Gegenstände nennen, die es auf dem Tablett gesehen hat.

**Variation für Könner:** Die Gegenstände müssen genau beschrieben werden. Welche Form, Farbe usw.?

## Ohren-Kim

Über zwei Stuhllehnen wird ein Tuch gespannt und verdeckt den davor sitzenden Kindern die Sicht. (Man kann auch eine Kasperbühne nehmen.) Hinter dem Tuch sitzen Sie und machen mit vorbereiteten Dingen allerlei Geräusche, die erraten werden müssen. Bei kleineren Kindern ist es ratsam, ihnen erst die Geräusche vor der Bühne vorzuführen: Nüsse knacken, ein Streichholz anzünden, Wasser in ein Glas gießen, Papier zerreißen, Papier zerknüllen usw.

**Variante:** Alle Kinder gehen vor die Tür, und der Spielleiter verändert etwas sehr auffällig im Raum, z. B. wird ein Stuhl in die Ecke gestellt oder eine Blumenvase, die vorher auf dem Tisch stand, auf den Schrank gestellt, ein Bilderbuch auffällig auf den Tisch gelegt usw. Die Kinder kommen alle herein und müssen erraten, was sich verändert hat. Wer es zuerst errät, darf bei der nächsten Runde den Raum verändern.

## Nasen-Kim

Bringen Sie verschiedene Düfte mit: halbierte Früchte wie Äpfel, Orangen oder Bananen; Fläschchen mit Essig, Parfüm, Honig, Wurst, Käse usw. Zunächst riechen die Kinder mit offenen Augen daran und benennen die Gegenstände, dann werden einem Kind die Augen verbunden, man hält ihm einen der „Gerüche" unter die Nase, und es muss erraten, was es ist. Dann ist der nächste Riecher an der Reihe.

## Mund-Kim

Ähnlich wie beim Nasen-Kim soll jedes Kind herausfinden, in was es gerade beißt: Apfel, Schokolade, ein Stück Brot oder gar eine Zitrone.

## Kleidertausch

*Alter: ab 3 Jahren*
*Geförderte Kompetenzen: Wahrnehmung; Konzentration; Merkfähigkeit*
*Material: Kleidungsstücke wie Pullover, Strickjacke, Halstuch usw.*

Die Kinder sitzen im Kreis, ein Kind ist vor der Tür. Nachdem zwei Kinder miteinander die Kleidung vertauscht haben, muss das hereingekommene Kind erraten, wer sich verändert hat.

## Heißer Knopf

*Alter: ab 3 Jahren*
*Geförderte Kompetenzen: Wahrnehmung; Selbsterfahrung; Merkfähigkeit*
*Material: 1 Tüte voller Knöpfe, Nüsse oder Muggelsteine*

Die Kinder sitzen im Kreis, in der Mitte des Kreises liegen Knöpfe, Nüsse oder Muggelsteinchen. Ein Kind geht vor die Tür. Die anderen Kinder bestimmen einen Knopf (oder einen anderen Gegenstand) als „heiß". Nun kommt das Kind herein und darf sich so viele Knöpfe abnehmen, bis es an den „heißen Knopf" gekommen ist, dann rufen alle „Heiß". Die nächste Runde kann beginnen.

## Ich sehe was

*Alter: ab 3 Jahren*
*Geförderte Kompetenzen: Wahrnehmung; Merkfähigkeit*

Die Kinder sitzen im Kreis, ein Kind guckt sich eine Farbe aus, die eines der Kinder trägt, und sagt dann: *„Ich sehe, was, was du nicht siehst, und das sieht (blau) aus."* Nun dürfen alle Kinder raten, wer die blaue Farbe trägt.

## Frühstücksgeräusche

*Alter: ab 3 Jahren*
*Geförderte Kompetenzen: Konzentration; genaues Zuhören; Selbstbeherrschung; Geräusche unterscheiden und selbst erzeugen*

Die Kinder sitzen am Frühstückstisch und Sie bitten alle für einen Augenblick um Stille. Alle Kinder lauschen, welche Geräusche von draußen in den Raum dringen. Es wird weiter gefrühstückt, noch immer spricht keiner ein Wort. Was hören wir jetzt? Das Klappern von Bechern, Tellern, Löffeln. Können die Kinder zusammen mit Ihnen ganz neue Frühstücksgeräusche produzieren?

## Heiß und kalt

*Alter: ab 3 Jahren*
*Geförderte Kompetenzen: Wahrnehmung; Merkfähigkeit*
*Material: 1 beliebiger Gegenstand; für die Variante 1 Glöckchen*

Ein Kind geht vor die Tür. Ein anderes Kind versteckt einen Gegenstand (Teddy, Auto, Puppe) im Raum. Dann wird das Kind hereingerufen und muss den Gegenstand suchen. Ist es davon weit entfernt, rufen alle kalt, kommt es in die Nähe des Gegenstandes, wird es lauwarm bis heiß.

**Variante:** Alle Kinder gehen vor die Tür, der Spielleiter versteckt ein Glöckchen im Raum, das die Kinder suchen müssen. Wer es zuerst gefunden hat, darf damit läuten und es dann aufs Neue verstecken.

## Wie sehe ich aus?

*Alter: ab 3 Jahren*
*Geförderte Kompetenzen: Beobachten; Differenzierung; Kenntniserweiterung; Farberkennung; Kommunikation; Wissenserweiterung; Zuordnen*

Die Kinder bilden einen Kreis. Bitten Sie die Kinder, sich einmal selbst zu betrachten. Dann rufen Sie: *„Alle Kinder mit braunen Hosen kommen in den Kreis!"* Nach kurzer Kontrolle, ob die Aufgabe von allen richtig verstanden wurde, laufen die Kinder auf ihre Plätze zurück. Sie – später auch ein Kind – stellen die nächste Aufgabe: *„Alle Kinder mit schwarzen Schuhen ..., mit hellem Haar ..."* usw. Es kann auch ein Scherz eingefügt werden: *„Alle Kinder,* *die zehn Finger (zehn Zehen, zwei Hände usw.) haben."* Das Spiel wird zügig weiter gespielt.

## Kleine Naturforscher

*Alter: ab 3 Jahren*
*Geförderte Kompetenzen: Sinneswahrnehmung; Beobachtungsfähigkeit; Konzentration; Selbstwahrnehmung*

Ein schönes Spiel für kleine Entdecker, die im Frühjahr oder Sommer auf dem Freigelände der Kindertagesstätte, im Garten oder Park nach Käfern, Schnecken und Regenwürmern Ausschau halten. Mit Ihrer Unterstützung können Sie die gefundenen Tierchen behutsam über den Handrücken der Kinder krabbeln lassen. Gelingt es, ganz ruhig und konzentriert zu bleiben und die feinen Krabbelbeinchen zu spüren?

## Wer ist unter der Wolldecke?

*Alter: ab 3 Jahren*
*Geförderte Kompetenzen: Sinneswahrnehmung; Erkennen und Verbalisieren*
*Material: 1 großes Bettlaken oder 1 dünne Wolldecke*

Die Kinder sitzen im Kreis, 1 Kind ist vor der Tür. Der Spielleiter bestimmt 1 Kind, das in der Mitte des Kreises sich unter einer Wolldecke versteckt. Nun kommt das Kind herein und muss erraten, wer unter der Wolldecke steckt. Man kann kleine Hilfestellungen geben, wenn es zu schwierig wird, indem das Kind unter der Wolldecke seinen Schuh zeigt, etwas spricht oder der Spielleiter das Kind beschreibt.

## Tastplattenspiel

*Alter: ab 3 Jahren*
*Geförderte Kompetenzen: Tastsinn; schöpferisches Tun; Reflexionsvermögen; Interpretationsfähigkeit; Erkennen; Motorik; Tasten; Unterscheiden*
*Material: Spanplatte; Gegenstände mit unterschiedlicher Oberflächenstruktur; Kleber*

Die Kinder kleben auf die Spanplatte zahlreiche Gegenstände mit unterschiedlicher Oberflächenstruktur (z.B. verschiedene Stoffe, Schmirgelpapier, Hölzer, Blech- und Plastikteile, Fell, Watte, Federn, Kork, Styropor usw.). Die Gegenstände können durcheinander oder gruppiert aufgeklebt werden, z. B. als glatte, raue, weiche oder harte Tastplastiken. Die Kinder „betrachten" das Bild mit den Händen und beschreiben ihre wahrgenommenen Eindrücke. Die Augen sind dabei geschlossen.

## Sortierspiel

*Alter: ab 3 Jahren*
*Geförderte Kompetenzen: Zuordnen; Erkennen; Unterscheiden; Sinneswahrnehmung; Wissenserweiterung*

Nahezu alles lässt sich sortieren: Langes und Kurzes, Schmales und Breites, Großes und Kleines, Dickes und Dünnes. Auf einem Teller sind Erbsen, Bohnen, Sonnenblumenkerne und Linsen vermischt. Die Kinder ordnen, was zusammengehört.

## Bellos Knochen

*Alter: ab 3 Jahren*
*Geförderte Kompetenzen: Sinneswahrnehmung; Konzentration; Reaktion; Verbalisieren*
*Material: 1 Baustein*

Die Kinder sitzen im Kreis. Ein Kind ist Bello, der Hund. Es hockt in der Mitte des Kreises, hat die Augen geschlossen, und neben ihm liegt der Knochen (Baustein). Nun wird nur durch stummes Winken ein Kind vom Spielleiter bestimmt, das den Knochen fortnimmt. Alle Kinder halten nun die Hände auf dem Rücken und rufen: *„Bello, dein Knochen ist weg!"* Bello muss erraten, wer den Knochen fortgenommen hat. Er geht zu den Kindern, bellt sie an, und die Kinder, die angebellt wurden, müssen ihre Hände vorzeigen.

## Stummes Winken

*Alter: ab 2 Jahren*
*Geförderte Kompetenzen: Wahrnehmung; Motorik; Selbsterfahrung*

Die Kinder stehen oder sitzen im Kreis. Ein Kind ist in der Mitte, es winkt sich stumm ein Kind aus dem Kreis zu sich hinein, wenn das Kind ganz leise gekommen ist, reicht es ihm die Hand und darf jetzt selbst in der Mitte stehen. Ist es aber laut zu ihm in die Mitte gekommen, so wird abgewunken, und das Kind in der Mitte sucht sich ein neues Kind, dem es zuwinkt.

## Alle Möwen fliegen hoch!

*Alter:* ab 2 Jahren
*Geförderte Kompetenzen:* Reaktions- und Konzentrationsfähigkeit; Wahrnehmung; Beobachten; Differenzieren; Erkennen; Kommunikation

Die Kinder sitzen am Tisch und trommeln mit ihren Zeigefingern auf die Tischplatte. Dann sagen Sie: *„Alle Möwen fliegen hoch!"*, und die Kinder werfen ihre Arme in die Luft. Dann wird weiter getrommelt. Sie rufen: *„Alle Bienen fliegen hoch!"* Oder: *„Alle Flugzeuge fliegen hoch!"* Jedes Mal werfen die Kinder ihre Arme in die Luft. Schwieriger wird es, wenn Sie rufen: *„Alle Katzen fliegen hoch (oder Pferde, Ziegen, Autos, Schiffe usw.)!"* Denn immer, wenn etwas genannt wird, was nicht fliegen kann, muss weitergetrommelt werden und die Arme dürfen nicht in die Luft gehen.

## Verkehrsampel-ABC

*Alter:* ab 3 Jahren
*Geförderte Kompetenzen:* Farben kennen und benennen

Fordern Sie die Kinder auf bei Nennung der Ampelfarben in Kombination mit Naturbegriffen, die entsprechende Bewegung zu machen: „Bei „Rot" bleibe stehen, bei „Grün" darfst du gehen!"

*Rot wie der Apfel,*
*Gelb wie die Birne,*
*Grün wie der Klee.*
*Das ist das Ampel-ABC.*

# Selbstsicher durch Bewegung – Motorik und Geschicklichkeit im Alltag fördern

In den letzten Jahrzehnten wurde der natürliche Bewegungsspielraum für viele Kinder zunehmend eingeschränkt. Besonders das Großstadtkind wächst in beengten Wohnverhältnissen auf, die seinen Bewegungsdrang unterdrücken. Dabei ist uns Menschen die Lust zur Bewegung geradezu angeboren. Ein Grund mehr, die etwa 650 Muskeln unseres Körpers, die in Bewegung gehalten werden wollen, anzuregen und auf Trab zu bringen.

2-Jährige sind motorisch sehr aktiv, geradezu kleine Energiebündel mit starkem Durchsetzungswillen, da es ihnen große Freude macht, durch Bewegung von der Stelle zu kommen. Sie sind neugierig und erobern sich ihre Welt. Bevor die Feinmotorik an Bedeutung gewinnt, können 2-Jährige bereits klettern, sich drehen, Treppen auf- und absteigen, wippen, auf Zehenspitzen laufen und von kleinen Höhen, wie einer Kiste, herunter springen. Bewegungsspiele, motorische Übungen und Geschicklichkeitsspiele verhelfen dem Kind zu körperlichem und seelischem Wohlbefinden. Das Kleinkind erwirbt motorische Grundfertigkeiten, lernt sie zu beherrschen und gelangt so zu mehr Bewegungssicherheit.

Erzieherin, Tagespflegeperson wie Eltern animieren das Kleinkind besonders, indem sie mitspielen, mitlaufen, oder mit balancieren. Die Bewegungsfreude der Großen wirkt ansteckend und die Kinder sind umso lebendiger dabei. Bewegungsspiele und motorische Übungen regen die Durchblutung des Gehirns an. Die Kinder entwickeln Konzentration und Ausdauer. Sie üben ihre Koordinationsfähigkeit, schulen ihre Geschicklichkeit und entwickeln Fertigkeiten, die sie selbstbewusster und selbstsicher machen. Bewegungsspiele und soziales Lernen sind eng miteinander verbunden. Beim Spiel lernt und erfährt das Kind Hilfsbereitschaft, Rücksicht, Fairness, Selbstbeherrschung und Einordnung in die Gruppe.

In der Krippe wie in der qualifizierten Tagespflege werden die Mitarbeiter immer wieder feststellen, dass die Grobmotorik der Feinmotorik gegenüber ein Stück voraus ist. Ob nun ein Kind begnadeter Bastler oder ein anderes flotter Läufer ist, muss uns nicht sorgen. Wichtig ist, dass beide Kinder in Bewegung bleiben und ihre Fertigkeiten immer wieder mit und ohne Unterstützung des Erwachsenen üben können. Die Bewegungssicherheit und Koordinationsfähigkeit entwickelt sich mit zunehmendem Alter immer weiter.

Zu Beginn des zweiten Lebensjahres lernen Kinder, Dinge loszulassen, greifen mit zwei Fingern zu (Pinzettengriff), können sich allmählich aus dem Stand hinziehen und laufen erste Schritte an der Hand des Erwachsenen. Das Kleinkind kann stehen und laufen, macht kleine Kletterversuche und wirft mit Bauklötzen. Etwa mit zweieinhalb versucht das Kind ein paar Schritte rückwärts zu gehen, lernt die Treppenstufen zu erklimmen, steigt auf einen Stuhl und hüpft auf zwei Beinen. Es hält einen Stift und kann große Holzperlen auf eine Schnur fädeln.

Im ersten Halbjahr des dritten Lebensjahres kann das Kind einen Ball kicken ohne umzukippen. Es kann auch in die Hocke gehen und auf einem Bein hüpfen, für einen Augenblick auf einem Bein stehen und sich die Jacke zuknöpfen.

Der ganz normale Alltag zu Hause, in der Krippe oder in der Tagesbetreuung bietet viele Möglichkeiten, Kinder spielerisch zu fördern. Und da sind Fingerspiele für die Feinmotorik der Kleinsten genau das Richtige. Sie fördern die Intelligenz der Kinder und trainieren ihre Fingerfertigkeit und ihr Sprachvermögen.

## Fingerspiele

Fingerspiele betonen die charakteristischen Hand- und Fingerbewegungen. Die Reime werden deutlich gesprochen und wiederholt. Die Kinder lieben den Gleichklang der Verse. Beim Sprechen und beim Singen passen sie sich dem vorgegebenen Rhythmus an.

Fingerspiele sollten regelmäßig durchgeführt werden. Sind den Kindern diese Spiele und Lieder geläufig, werden Sinne, Gedächtnis und Motorik nachhaltig geschult. Am Anfang schaut das Kind normalerweise nur interessiert zu. Etwas später lässt es seine Hand führen und schon bald macht es aktiv mit. Das Mitsingen des Textes dauert noch etwas, aber auch hier hilft es, bekannte Fingerspiele regelmäßig zu wiederholen. Fingerspiele sind auch schöne „Überbrücker" bei längeren Wartezeiten ...

## Kommt eine Maus

*Alter: ab 1 Jahr*
*Geförderte Kompetenzen: Nähe; Sinne; Aufmerksamkeit; Freude*

Ein klassisches Fingerspiel, das bei den Kleinsten sehr gut ankommt. Dazu nehmen Sie die Hand des Kindes in ihre eigene. Zu den Zeilen des Verses passiert nun einiges: Zunächst krabbeln Ihre Finger am Handgelenk des Kindes beginnend langsam den Arm hinauf. Bei der vorletzten Zeile springen die Finger plötzlich auf die Nase des Kindes und kitzeln diese. Und so lautet der Text:

*Kommt eine Maus,*
*die baut ein Haus.*
*Kommt eine Mücke,*
*die baut 'ne Brücke.*
*Kommt ein Floh, der macht so ...!*

## Das ist der Daumen

**Alter:** *ab 1 Jahr*
**Geförderte Kompetenzen:** *Hand- und Fingermotorik; Selbsterkenntnis; Nähe*

Das wohl bekannteste Fingerspiel aus der Zeit der Urgroßeltern amüsiert auch heute noch die Jüngsten. Sagen Sie den Vers auf, bei dem entweder auf den jeweiligen Finger gedeutet oder nach und nach die Finger der Hand des Kindes sanft umgelegt werden:

*Das ist der Daumen,*
*der schüttelt die Pflaumen,*
*der liest sie auf,*
*der trägt sie nach Haus,*
*und der kleine Schelm,*
*der isst sie alle auf!*

## Breitopf

**Alter:** *ab 1 Jahr*

*Der Erste holt den Topf,*
*der Zweite holt die Milch,*
*der Dritte holt den Zucker,*
*der Vierte holt das Ei,*
*und der Kleine isst den süßen Brei.*

Tippen Sie den Daumen und dann der Reihe nach die anderen Finger des Kindes an.

## Ins Wasser gefallen

*Der ist ins Wasser gefallen,*
*der hat ihn herausgeholt,*
*der hat ihn ins Bett gesteckt,*
*der hat ihn zugedeckt,*
*und der kleine Schelm*
*hier hat ihn wieder aufgeweckt.*

Zuerst tippen Sie den Daumen des Kindes an und dann der Reihe nach die anderen Finger.

### Die Finger spinnen

*Der sagt: Ich bin mächtig und reich!*
*Der sagt: Ich bin der Wüstenscheich!*
*Der sagt: Ich bin der Nikolaus!*
*Der sagt: Ich bin die kleine Maus!*
*Der Kleine sagt: Ich glaub, ihr spinnt!*
*Ihr wisst doch, dass wir alle Finger sind!*

Auch bei diesem lustigen Fingerspiel beginnt der Erwachsene der Reihe nach alle Finger des Kindes anzutippen. Zum Schluss wackeln alle Finger.

### Kniereiter

*Alter: ab 1 Jahr*
*Geförderte Kompetenzen: Nähe; Sinne; Motorik; Selbsterfahrung*

Kniereiter-Spiele sind beliebt und einfach nachzumachen. Setzen Sie ein Kind rittlings auf Ihre Knie und halten es an den Händen. Während der Vers aufgesagt wird, kann man das Kind entweder hin und her wiegen oder – indem die Füße auf die Spitze gestellt und auf und ab bewegt werden – hoppeln lassen. Bei den letzten Worten des Verses wird das Kind weit nach hinten fallengelassen, wobei man natürlich die Hände des Kindes festhält. Für Kniereiter gibt es viele althergebrachte Verse. Nachfolgend einige Beispiele:

*Hoppe, hoppe, Reiter,*
*wenn er fällt, dann schreit er.*
*Fällt er in den Graben,*
*fressen ihn die Raben.*
*Fällt er in den Sumpf,*
*macht der Reiter plumps!*

oder etwas „harmloser" ohne „plumps":

*Hopp, hopp, hopp,*
*Pferdchen lauf Galopp.*
*Über Stock und über Steine,*
*aber brich dir nicht die Beine!*
*Hopp, hopp, hopp, hopp, hopp,*
*Pferdchen lauf Galopp.*

## Krabbel- und Kitzelspiele

*Alter: ab 1 Jahr*
*Geförderte Kompetenzen: Nähe; Sinneswahrnehmung; Motorik; Selbst-*
*erkenntnis; Spaß*

*Der Kopf ist rund,*
*der Kopf ist rund,*
*hat Augen, Ohren, Nas' und Mund.*
*Doch oh Schreck,*
*plötzlich ist die Nase weg.*
*Rufen wir „hurra",*
*ist sie wieder da.*

Mit einer Feder oder den Fingerspitzen leicht die genannten Sinnesorgane
berühren und kitzeln, mit einer Hand dann ein Organ abdecken. Mit Spannung wird das Auftauchen wieder erwartet. „Kitzelspiele" sind eine Freude
für die Kleinen, sie vermitteln Wohlbehagen, Entspannung und Vergnügen.
Es können alle Körperteile einbezogen werden, und sie lassen sich zu jeder
Tageszeit, wenn das Kind dazu bereit ist, durchführen. Statt streicheln, kribbeln, krabbeln und kitzeln mit den Fingerspitzen können wir zur Abwechslung auch weiche, schmusige Materialien einsetzen, wie z. B. Federn, weiches Papier (Tempos, Servietten), Watte, eine weiche Bürste oder Fellreste.
Dazu kann man kleine Reime und Verse sprechen oder singen, z. B.:

*Wir streicheln (kribbeln, kitzeln),*
*wir streicheln und fangen lustig an.*
*Und wenn der Finger nicht mehr kann,*
*dann kommt sogleich die Feder (Bürste, Watte) dran.*

Auch das kleine Gedicht „Die Feder" von Joachim Ringelnatz ist für ein Kitzelspiel gut geeignet. Die Kinder, das Nilpferd, lachen bestimmt:

*Ein Federchen flog über Land.*
*Ein Nilpferd schlummerte im Sand.*
*Die Feder sprach: „Ich will es wecken".*
*Sie liebte, andere zu necken.*
*Aufs Nilpferd setzte sich die Feder*
*und streichelte sein dickes Leder.*
*Das Nilpferd öffnete den Rachen*
*und musste ungeheuer lachen.*

## Wir spielen

*Alter: ab 1 Jahr*

Melodie und Text: mündlich überliefert

*Das ganze Händchen, mit der flachen Hand schlagen,*
*das Fäustchen, kräftig bumsen,*
*der Ellenbogen, ebenso,*
*dann fängt der Fuß zu tippen an,*
*dann fängt der Kopf zu nicken an,*
*dann fängt das Ohr zu wackeln an (wer das kann!) –*
*und endlich hören wir auf!*

## Das Gewitter

*Alter: ab 1 Jahr*

Text: mündlich überliefert

*Erst ist heller Sonnenschein,* (mit der Hand einen Bogen beschreiben)
*dann schiebt sich eine dunkle Wolke vor,* (die Hand davorschieben)
*dann tröpfelt es,* (leicht auf den Tisch klopfen)
*dann regnet es,* (stärker klopfen)
*dann gießt es,* (mit der ganzen Hand schlagen)
*dann hagelt es,* (mit den Fingerknöcheln klopfen)
*dann blitzt es,* (zischen und Blitz beschreiben)
*dann donnert es,* (mit den Fäusten auf den Tisch trommeln)
*dann kommt der Wind,*
*er schiebt die Wolke fort,* (pusten)
*und dann ist wieder heller Sonnenschein.* (mit Hand einen Bogen machen)

## Es regnet

*Alter: ab 1 Jahr*

Melodie und Text: mündlich überliefert

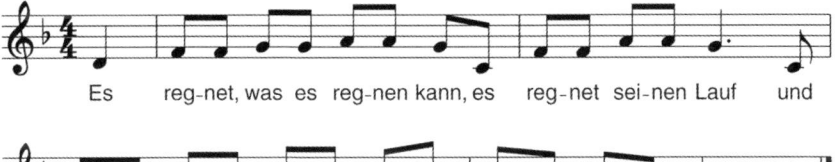

*Es regnet, was es regnen kann,*
*es regnet seinen Lauf*
*und wenn's genug geregnet hat,*
*dann hört's auch wieder auf.*

Die Fingerspitzen klopfen auf den Tisch und werden immer lauter, zum Schluss hören sie schlagartig auf.

## Mein Finger geht im Kreise

*Alter: ab 2 Jahren*

*Mein Finger geht im Kreise,*
*auf eine kurze Reise.*
*Und bleibt mein Finger stehn,*
*dann darfst du gehn!*

Abzählvers vor einem beliebigen Gruppenspiel.

## Zwei kleine Krabbelhände

*Alter: ab 1 Jahr*

Melodie und Text: mündlich überliefert

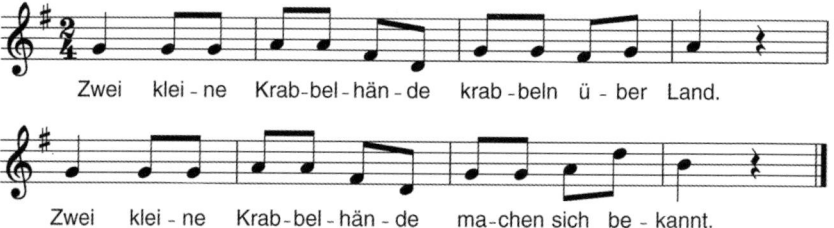

Zwei klei - ne Krab-bel-hän - de krab -beln ü - ber Land.

Zwei klei - ne Krab-bel-hän - de ma-chen sich be - kannt.

*Zwei kleine Krabbelhände denken sich was aus.*
*Zwei kleine Krabbelhände bau'n ein Fingerhaus.*
*Zwei kleine Krabbelhände spiel'n einmal Versteck,*
*Zwei kleine Krabbelhände sind mit einmal weg.*
*Zwei kleine Krabbelhände rufen laut „hurra"!*
*Zwei kleine Krabbelhände, die sind wieder da!*

## Meine beiden Hände mit zehn Fingern dran

*Alter: ab 1 Jahr*

Melodie und Text: überliefert

*Meine beiden Hände mit zehn Fingern dran. (*beide Hände hochhalten und mit den Fingern zappeln)
*Die können winken, schaut euch das mal an.*
*Die können winken, schaut euch das mal an.* (beide Hände hochhalten und drehen)

Das Lied kann wiederholt werden, durch einsetzen der Worte: *Malen* (mit beiden Armen großflächige Kreise auf dem Tisch ziehen), *Klatschen, Klopfen* (auf den Tisch klopfen), *Krabbeln* (mit den Fingerspitzen über den Tisch krabbeln) usw.

 *Tipp: Bei diesem Fingerspiel werden besonders die Handgelenkbeweglichkeit und die Fingergeschicklichkeit geübt.*

## Zehn kleine Zappelfinger

*Alter: ab 2 Jahren*

Melodie und Text: überliefert

*Zehn kleine Zappelfinger zappeln hin und her.*
*Zehn kleinen Zappelfingern fällt das gar nicht schwer.* (Die Hände werden abwechselnd von rechts nach links geführt, währenddessen die zehn Finger bewegt werden.)

*Zehn kleine Zappelfinger zappeln auf und nieder.*
*Zehn kleine Zappelfinger tun das immer wieder.* (Die Hände werden mit den »zappelnden Fingern« vor dem Oberkörper auf und ab geführt.)

*Zehn kleine Zappelfinger zappeln rings herum.*
*Zehn kleine Zappelfinger sind ja gar nicht dumm.* (Die Hände mit den »zappelnden Fingern« beschreiben einen Kreis.)

*Zehn kleine Zappelfinger kriegen einen Schreck.* (In die Hände klatschen.)
*Zehn kleine Zappelfinger sind auf einmal weg.* (Hände auf dem Rücken oder unter dem Fisch verstecken.)

*Zehn kleine Zappelfinger kriechen ins Versteck.*
*Zehn kleine Zappelfinger sind auf einmal weg.* (Hände krabbeln unter den Pulli oder unter den Fisch.)

*Zehn kleine Zappelfinger rufen laut hurra.* (Hände kommen wieder zum Vorschein.)
*Zehn kleine Zappelfinger, die sind wieder da.* (Arme hochhalten und die Hände im Handgelenk drehen.)

## Komm, wir wollen tanzen

*Alter: ab 2 Jahren*

Melodie und Text: mündlich überliefert

*Komm, wir wollen stampfen ...,*
*stampfen mit dem Fuß ...*

*Komm, wir wollen nicken ...,*
*nicken mit dem Kopf ...*

*Komm, wir wollen winken ...,*
*winken mit der Hand ...*
*Komm, wir wollen springen ...,*
*springen in die Höh ...*

*Komm, wir wollen fallen ...,*
*fallen in die Knie ...*

*Komm, wir wollen hüpfen,*
*hüpfen wie ein Frosch ...*

*Komm, wir wollen schleichen ...,*
*schleichen wie die Katz' ...*

*Komm, wir wollen schaukeln ...,*
*schaukeln wie ein Schiff ...*

*Komm, wir wollen fahren ...,*
*fahren wie ein Bus ...*

*Komm, wir wollen rollen ...,*
*rollen wie ein Ball ...*

## Was machen wir so gerne hier im Kreis

*Alter: ab 3 Jahren*

Melodie und Text: mündlich überliefert

Was machen wir so gerne hier im Kreis?
Was machen wir so gerne hier im Kreis?
(Im Kreis stehen und klatschen.)

*Tanzen, tanzen, tralalalala, tanzen, tanzen, tralalalala.*
(Die Kinder fassen Sie an den Händen und drehen sich.)

 *Tipp: Das Lied kann wiederholt werden mit Hüpfen, Stampfen, Winken, Drehen usw. Wenn die Kinder schon länger das Spiel kennen, können sie nach den nächsten Bewegungen gefragt werden.*

## Mein Häuschen ist nicht gerade

**Alter:** *ab 2 Jahren*
**Geförderte Kompetenzen:** *Verstehen der Begriffe „gerade" und „schief"*

Text: überliefert

*Mein Häuschen ist nicht gerade,*
*ist das aber schade.*
(Die Fingerspitzen beider Hände werden aneinander gelegt, sodass sie ein etwas schiefes Dach bilden.)

*Mein Häuschen ist ein wenig krumm,*
*ist das aber dumm.*
(Das Dach neigt sich mehr zu Seite.)

*Puh, bläst der Wind hinein.*
(Jeder bläst in sein Dach hinein.)
*Bauz, fällt mein ganzes Häuschen ein!*
(Klatschen.)

## Bim, bam, bommel

**Alter:** *ab 2 Jahren*
**Geförderte Kompetenzen:** *Verstehen der Begriffe „laut" und „leise"*

Text: überliefert

*Bim, bam, bommel,*
*die Katze schlägt die Trommel.*
(Laut mit den Fäusten auf den Tisch trommeln.)

*Zehn kleine Mäuschen tanzen in der Reih*
(Leise mit den Fingerspitzen über den Tisch krabbeln.)
*und die ganze Erde donnert laut dabei.*
(Laut mit der flachen Hand auf den Tisch schlagen.)

 **Tipp:** *Dieser Reim wird nur gesprochen.*

## Fangtuch

*Alter:* ab 3 Jahren
*Geförderte Kompetenzen:* Motorisches Geschick; Schnelligkeit; Reaktion; Sozialverhalten; Spaß
*Material:* 1 Bettlaken

Lustig und turbulent geht's bei diesem Spiel im Turnraum zu. Zwei Kinder fassen ein Bettlaken an den Seiten. Nach Ihrem Startkommando versuchen die Kinder nun einen anderen Mitspieler mit dem Tuch einzufangen. Dieser muss versuchen, darunter hindurch zu tauchen und zu entwischen. Gelingt es den Fangtuch-Kindern, so muss der Gefangene nun eines ersetzen.

 *Tipp:* Wenn vier Kinder das Tuch an jeweils einem Zipfel anpacken, gelingt es in der Regel noch schneller einen Mitspieler einzufangen.

## Schwebender Luftballon

*Alter:* ab 2 Jahren
*Geförderte Kompetenzen:* Motorische Geschicklichkeit; Reaktion; Spaß
*Material:* Luftballons

Melodie: „Eisenbahn von nah und fern ..."; Text: Magrit Evers

*Luftballon schweb' auf und nieder,*
*bitte, tu es immer wieder.*

*Luftballon flieg an die Wand,*
*komm' zurück in meine Hand.*

*Luftballon ich fang dich ein,*
*denn du sollst auch bei mir sein.*

Ein Luftballon wird von den Kindern hin und her gestupst und wieder eingefangen. Viereckige Tücher (Kopftücher) werden von Ihnen und einem Kind so gehalten, dass der Ball damit eingefangen werden kann.

**Variationen:** Legen Sie die Ballons in eine Wolldecke oder ein Laken, fassen rundherum die Decke an und lassen die Ballons mit leichten, sanften Bewegungen auf- und niederschweben. Das Gleiche lässt sich auch mit Bällen durchführen, nur muss dann mehr gerüttelt werden. Eine andere Möglichkeit ist, den Luftballon mit einem kleinen Karton, z. B. Schuhkarton, wieder einzufangen.

## Froh zu sein, bedarf es wenig

*Alter: ab 3 Jahren*
*Geförderte Kompetenzen: Grobmotorik; Rhythmusgefühl; körperliche Gewandtheit; Geschick und viel Spaß*

Melodie und Text: überliefert

Hüpfen und springen sind im Rhythmus dieses Liedes verankert. Welches Kind schafft es, das Lied auf dem rechten Bein hüpfend zu überstehen? Wem es gelingt, ist König und darf die nächste Hüpfart vorschlagen (z. B. auf dem linken Bein oder auf beiden Beinen hüpfen, springen von rechts nach links usw.).

## Löwe auf Affenjagd

*Alter: ab 3 Jahren*
*Geförderte Kompetenzen: Motorik; Schnelligkeit; Reaktionsvermögen*
*Material: 1 größere Kiste*

Legen Sie ein Spielfeld im Turnraum oder im Freien fest. In diesem befindet sich eine größere Kiste, der „Affenbaum". Denn der Löwe ist los und jagt die kleinen Affen, die sich schnell vor dem Löwen retten können, indem sie auf eine große, nicht allzu hohe Kiste springen. Jeder Affe, der nicht mehr gejagt wird, muss wieder runter auf die Erde und das Ganze geht von vorne los. Wer möchte gerne mal der Fänger, also der Löwe sein?

## Kommt, wir spielen Katz' und Maus

*Alter: ab 2 Jahren*
*Geförderte Kompetenzen: Bewegungsfreude; Reaktionsvermögen*

Das klassische Katz-und-Maus-Spiel ist so vielseitig, es erfüllt den Bewegungsdrang der Kinder, ist spannend und aufregend. Alle nachfolgenden Fingerspiele und Lieder lassen sich auch in Rollenspiele umsetzen. Der Fantasie sind hier keine Grenzen gesetzt. Leicht entwickeln sich aus dem Spiel heraus eigene Verse, die in Bewegung umgesetzt werden.

Als *Fingerspiel* sind unsere Fingerspitzen die Mäuschen, die durch leichtes Auftippen auf dem Tisch, Fußboden oder am Körper des Kindes trippeln und trappeln. Eine Katze, als Hand dargestellt, versucht mit ruhigen, schleichenden Bewegungen das Mäuschen zu fangen. Das Mäusehaus wir durch die schräg aneinandergelegten Hände angedeutet. Basteln wir dann noch eine Katze oder eine Maus, so können wir das Fingerspiel zur Abwechslung auch optisch darstellen.

Beim *Rollenspiel* sind Stühle, Kisten, Tische, Reifen, Pappkartons oder der Tunnel das Mäusehäuschen. Während wir unseren Vers oder unser Lied singen, kriechen die Mäuse um die Häuser rundherum, hinein oder krabbeln darüber hinweg, immer verfolgt von der schleichenden Katze, die so gerne ein Mäuschen fangen möchte.

## Eisenbahn

*Alter: ab 2 Jahren*

Melodie und Text: überliefert

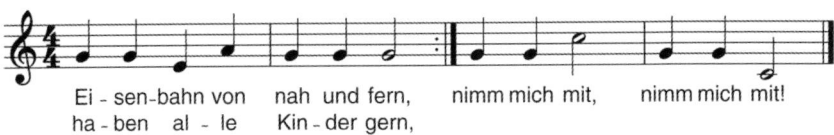

Ei - sen-bahn von   nah und fern,   nimm mich mit,   nimm mich mit!
ha - ben al - le   Kin - der gern,

*Eisenbahn von nah und fern,*
*haben alle Kinder gern,*
*nimm mich mit,*
*nimm mich mit!*

*Eisenbahn von nah und fern,*
*haben alle Kinder gern,*
*steige aus,*
*steige aus!*

Ein Kind, der Schaffner, geht außen um den Kreis herum, beim letzten *„nimm mich mit"* wird das Kind Schaffner, hinter dem es gerade steht, und der erste Schaffner wird zum „Anhänger". Sind alle Kinder im Zug eingestiegen, lösen wir ihn wieder auf, indem immer das erste Kind bei *„steige aus"* den Zug verlässt.

**Variante:** Erwachsene und Kinder fassen sich zur Kette und schlängeln den Zug kreuz und quer durch den Raum. Es können auch mehrere Züge fahren, die voreinander ausweichen. Die erste Strophe wird beliebig oft wiederholt. Wollen Sie das Spiel beenden, singen Sie die zweite Strophe.

## Häschen in der Grube

*Alter: ab 2 Jahren*

Melodie und Text: Volksweise

*Häschen in der Grube saß und schlief,*
*saß und schlief.*
(Die Kinder sitzen auf dem Fußboden und stellen sich schlafend.)

*Armes Häschen, bist du krank,*
*dass du nicht mehr hüpfen kannst?*
(Streicheln Sie den Kindern über den Kopf.)

*Häschen, hüpf! Häschen, hüpf! Häschen, hüpf!*
(Das Kind wird von Ihnen hochgenommen und in die Luft gehoben.)

## Von einem Stuhl zum anderen

*Alter: ab 1 Jahr*
*Geförderte Kompetenzen: Grob- und Feinmotorik; Denken*
*Material: 5 Stühle; 5 vorbereitete Figuren aus Tonpapier*

Stellen Sie im Gruppenraum in kürzerem Abstand fünf Stühle auf und legen auf jeden Stuhl eine Figur aus Tonpapier (z. B. Sonne, Haus, Herz, Auto, Kuh). Regen Sie die Jüngsten in der Gruppe an, von einem Stuhl zum anderen zu wandern und die Figuren einzusammeln. Eine schöne spielerische Übung, bei der die anfangs wackeligen Schritte zunehmend sicherer werden. Vielleicht gibt es auch das eine oder andere Kind, das bereits auf Ihre Ansage gezielt nach einer Figur sucht?

## Bauklötze stapeln

*Alter: ab 3 Jahren*
*Geförderte Kompetenzen: manuelle Geschicklichkeit; Konzentration;*
*Motorik*
*Material: Bauklötze*

Bilden Sie einen Stuhlkreis mit den Kindern. Aus ihm treten jeweils zwei Spieler gegeneinander an. Jeder erhält dabei eine bestimmte Anzahl von Bauklötzen verschiedener Größe. Sieger ist, wer seinen Turm zuerst gestapelt hat, ohne dass ein Klotz herunterfiel.

## Spannenlanger Hansel

*Alter:* ab 3 Jahren
*Geförderte Kompetenzen:* Bewegen; Darstellen; Gehör; Experimentieren

Zwei Kinder – die „nudeldicke Dirn" ist mit Kopftuch und Kissen ausstaffiert – ziehen mit zwei Säckchen auf dem Rücken im Kreis umher. Die anderen Kinder begleiten mit Klangstäben und einer Trommel das Lied

*Spannenlanger Hansel!*
*Nudeldicke Dirn!*
*Geh'n wir in den Garten,*
*schütteln wir die Birn!*
*Schüttel ich die großen,*
*schüttelst du die klein'!*
*Wenn das Säckchen voll ist,*
*geh'n wir wieder heim.*
*Lauf doch nicht so närrisch,*
*spannenlanger Hans!*
*Ich verlier die Birnen*
*und die Schuh noch ganz,*
*Trägst ja nur die kleinen,*
*nudeldicke Dirn,*
*und ich schlepp den schweren Sack*
*mit den großen Birn.*

## Rollender Igel

*Alter:* ab 3 Jahren
*Geförderte Kompetenzen:* Fußmotorik; Sinneswahrnehmung; Geschicklichkeit; Selbsterkenntnis
*Material:* Igelbälle aus Kunststoff oder Tennisbälle

Ein Spiel, das man sowohl mit einem Kind oder mehreren gleichzeitig durchführen kann. Dazu sitzen die Kinder auf einem Stuhl und rollen einen Igelball erst mit der einen Fußsohle, dann mit der anderen hin und her. Wem gelingt es besonders gut? Wie fühlt sich der Igelball unter den Füßen an?

Die etwas älteren Kinder können versuchen, im Stuhlkreis einen Igelball mit ihren Füßen von Nachbar zu Nachbar weiter zu reichen.

## Ich bin 'ne kleine Schnecke

*Alter: ab 2 Jahren*
*Geförderte Kompetenzen: Bewegen; Darstellen; Gehör; Kooperation;*
*Sprache*

*Ich bin 'ne kleine Schnecke und keine Maus,*
*ich rühr' mich nicht vom Flecke und kann nicht raus,*
*spazier' hier niemals allein, es muss schon einer bei mir sein.*
*Kati, Kati, Kati soll es sein.*
*Komm zu mir in den Kreis herein!*

Im Mittelpunkt dieses volkstümlichen Singspiels steht ein Schneckenhaus. Die Kinder rufen sich beim Namen herbei, fassen jeweils die Hand des nächsten und winden sich ganz eng um den Mittelpunkt, sodass ein „Schneckenhaus" entsteht. Am Schluss wird die „Schnecke" wieder aufgelöst, indem alle Kinder ihre Arme hochheben, ohne die Hände loszulassen. Wenn niemand loslässt, kann sich nun der Schneckenkopf herauswinden und alle hinter sich herziehen.

## Bemalte Hände

*Alter: ab 2 Jahren*
*Geförderte Kompetenzen: Feinmotorik; Sinneswahrnehmung; Konzentration; Kreativität*
*Material: Pinsel; Wasserbehälter; Wasserfarbe; festes Malpapier;*
*Küchenrolle*

Je ein Kind malt seinem Gegenüber die Innenfläche einer Hand an. Anschließend werden die bemalten Hände auf Papier gedrückt. Es ist nicht nur erstaunlich, die eigene Hand als bunten Abdruck zu betrachten, sondern zugleich eine feinmotorische Übung und Stillhalte- und Geduldsprobe zugleich.

## Mit Seil und Ball

*Alter:* ab 2 Jahren
*Geförderte Kompetenzen:* Motorik; Geschicklichkeit; Konzentration;
Ausdauer
*Material:* Seile zum Balancieren (z. B. Wäscheleine, Springseil); Ball; Musik

Lässt es die Witterung oder Raumtemperatur zu, sollten sich die Kinder
nach Möglichkeit leichtbekleidet und barfuß bewegen. Als *Seiltänzer* balancieren die Kinder in kleinen Trippelschritten über Wäscheleinen, Springseile oder Besenstiele, die quer durch den Raum gelegt sind. Zwei Seile parallelgelegt werden zu einem „Graben", der zu überspringen ist, heben wir die
Seile leicht an, wird es schon schwieriger. Wir kriechen oder robben unter
den angehobenen Seilen durch, ohne sie zu berühren. Wir legen die Seile zu
Kreise, Quadraten oder Dreiecken und laufen (kriechen, hüpfen) so lange
um unsere „Häuschen" herum, wie die Musik spielt, wird sie ausgestellt,
müssen wir uns schnell ein Häuschen suchen, in dem wir uns ausruhen.
Das Seil wird zur „Schlange", indem es von einem Erwachsenen an einem
Ende (dem Kopf der Schlange) gehalten wird. In schlängelnden Bewegungen
führen wir das Seil durch den Raum, während die Kinder versuchen, auf den
Schwanz der Schlange zu treten.

Beim *Pferdchenspiel* werden Springseile um die Brust der Kinder gelegt und
vom Reiter kreuz und quer um Hindernisse herumgeführt. Mit dem Lied
„Hopp, hopp, hopp ..." oder den Rufen „Hü-hott" und „Brrr – anhalten" galop-
pieren die kleinen Pferdchen munter durch den Raum.

**Variante:** Zur Abwechslung können die Erwachsenen die Pferde sein, kriechen auf allen vieren, und der Reiter, auf dem Rücken des „Pferdes" sitzend,
übt das Gleichgewicht zu halten. Die Pferde wippen mal nach links, mal
nach rechts, mal vor, mal zurück, und zum Schluss wird der Reiter sanft
fallen gelassen.

## Geschicklichkeitskünstler

*Alter: ab 2 Jahren*
*Geförderte Kompetenzen: Motorik; Ausdauer*
*Material: 1 Baustein; für die Variante 2 Eimer und 1 Becher*

Wer schafft es, einen Baustein auf der ausgestreckten Hand, auf dem Fuß oder auf dem Kopf von einem Platz zu einem anderen zu balancieren?

**Variante:** Ein Eimer wird mit Wasser gefüllt, der andere steht leer in einem gewissen Abstand gegenüber. Ein Kind füllt einen Becher mit Wasser, geht vorsichtig damit zu dem leeren Eimer und gießt ihn dort aus, nun kommt das nächste Kind dran.

## Seilkünstler

*Alter: ab 3 Jahren*
*Geförderte Kompetenzen: Bewegungssicherheit; Kräftigung der Fuß- und Beinmuskulatur; Koordination; Motorik; Schnelligkeit*
*Material: 1 Seil*

Ein Seil ist gerade auf dem Boden ausgelegt. Die Kinder stehen an einem Seilende und führen der Reihe nach folgende Aufgaben aus:

1. Die Kinder gehen auf dem Seil entlang (Fuß vor Fuß).
2. Die Kinder gehen seitlich mit hohlen Füßen auf dem Seil entlang.
3. Die Kinder hüpfen über das Seil.
4. Die Kinder hüpfen beidfüßig um das Seil herum.

## Katze und Maus

*Alter: ab 3 Jahren*
*Geförderte Kompetenzen: Grobmotorik; Reaktion; Schnelligkeit*

*Katze:  Ist die Maus zu Haus?*
*Maus:  Ja!*
*Katze:  Wann kommt sie raus?*
*Maus:  Um (drei)!*
(Alle Kinder zählen bis zur angesagten Uhrzeit.)
*Katze: Ich komme!*

Die Kinder fassen sich zum Kreis (eine Tür bleibt dabei offen), in der Mitte des Kreises steht die Maus, in der Tür steht die Katze. Beim Fangen öffnet sich der Kreis für die Maus, der Katze wird der Durchgang versperrt, nur die Tür bleibt offen.

## Tausendfüßler

*Alter: ab 3 Jahren*
*Geförderte Kompetenzen: Bewegungssicherheit; Geschicklichkeit; Kooperation; Koordination*

Für dieses Spiel – es kann als Wettlauf durchgeführt werden – bilden Sie zwei gleich starke Riegen. Die Kinder gehen auf allen Vieren. Mit den Händen umfassen sie dabei die Fußgelenke ihres Vordermanns. Welcher „Tausendfüßler" schafft es, als Erster über ein markiertes Ziel zu kriechen?

## Wir fahren mit dem Auto

*Alter: ab 2 Jahren*
*Geförderte Kompetenzen: Ampelfarben verstehen*

Melodie und Text: überliefert

*Wir fahren mit dem Auto in die weite Welt.*
(An den Händen fassen und im Kreis gehen.)
*Wir fahren mit dem Auto, wohin es uns gefällt.*
*Die Ampel rot, wir bleiben stehn.*
(Stehen bleiben.)
*Die Ampel grün, kann's weitergehn.*
(Wieder gehen.)
*Wir fahren mit dem Auto in die weite Welt.*
(Im Kreis gehen.)

 *Tipp: Fragen Sie die Kinder, womit sie noch fahren möchten (Omnibus, Dreirad, Bobby-Car, Lastwagen, Bagger, Motorrad, Fahrrad, Eisenbahn, Traktor usw.).*

## Rollen mit Bällen, Murmeln, Reifen

*Alter: ab 3 Jahren*
*Geförderte Kompetenzen: Bewegungssicherheit; Koordination; Motorik; Geschicklichkeit; Konzentration; Kreativität*
*Material: Bälle; Reifen; Murmeln; Stäbe; Markierungsmaterial; Turnmatten (zu Hause kann das Kind auf Kissen oder Decken üben)*

Die Spielideen mit dem Ball sind sehr vielseitig. Kleine Kinder haben bis zu 2 Jahren noch Schwierigkeiten, den Ball zu fangen, sie rollen, werfen oder kicken ihn. Die folgenden Spielvorschläge kann man für ältere Kinder noch erschweren, indem man zusätzlich Fangspiele anbietet.

Die Kinder *kriechen und krabbeln* hinter dem rollenden Ball her. Sicher fallen Ihnen noch mehr Möglichkeiten ein, z. B. durch einen Tunnel rollen usw.

Spielform mit *Murmel und Farben*: In einen kleinen Karton, z. B. Schuhkarton, legen wir ein Zeichenblatt, geben zwei bis drei Kleckse Fingerfarben hinein und lassen durch leichte Hin- und Her-Bewegungen eine Murmel darin rollen. Bei den 2-Jährigen machen es Erwachsene und Kind gemeinsam. Das Ergebnis ist jedes Mal anders, es sind Überraschungsbilder.

**Varianten:** Wir lassen die Bälle springen und hopsen dazu so lange, bis alle Bälle still am Boden liegen.

Die Kinder liegen auf einem großen Ball, und wir rollen ihn sachte hin und her.

Kleine Bälle in einen Behälter zielen (z. B. Eimer oder Korb).

Bälle auf dem Kopf halten und dabei um Hindernisse herumgehen.

Das untere Ende eines schräggestellten Brettes wird in eine Schüssel oder einen Behälter gelegt, in den wir, die Schräge hinunter, kleine Bälle rollen lassen.

Die Kinder rollen Bälle frei umher. Bälle werden an einer vorgezeichneten Linie entlang gerollt. Zwei Bälle werden zugleich gerollt. Erst ein Ball, dann zwei zugleich werden um Hindernisse herumgerollt. Bälle werden mit Stäben gerollt. Ein Ball wird gerollt und wieder eingefangen.

Ein Reifen wird gerollt (mit der Hand/mit dem Stab). Ein Reifen wird gerollt und wieder eingefangen.

Alle Kinder rollen selbst: Purzelbäume, Rolle rückwärts/vorwärts und seitwärts.

 *Tipp: Für kleine Kinder sind weiche Bälle wie Soft-, Tennis-, Stoff- oder Wasserbälle im Raum zu bevorzugen. Leder- und Gummibälle sind mehr für Spiele im Freien gedacht.*

### Roll', mein Ball!

*Alter: ab 3 Jahren*

Melodie: „Eisenbahn von nah und fern", Text: überliefert

*Roll mein Ball, roll hin und her,*
*rolle kreuz und rolle quer.*
*Spiel mit mir den ganzen Tag,*
*weil ich dich so gerne mag.*
*Roll mein Ball, roll auf und nieder,*

*roll recht weit, ich hol dich wieder.*
*Roll mit mir den ganzen Tag,*
*weil ich dich so gerne mag.*
*Roll mit mir durch diesen Raum,*
*roll auch nachts durch meinen Traum.*
*Scheint die Sonne wieder hell,*
*hol ich dich zum Spielen schnell.*

Singen sie das Lied mit den Kindern, während Sie sich mit ihnen mit ge-grätschten Beinen gegenüber sitzen und den Ball zu rollen.

## Zielwurf

*Alter: ab 3 Jahren*
*Geförderte Kompetenzen: Motorik; manuelle Geschicklichkeit; Auge-Hand-Koordination; Konzentration; Spielfreude*
*Material: leere Blechdosen; Tennisbälle*

Ein Spiel für die Kleinen, an dem aber selbst Erwachsene immer wieder Ihre Freude haben. Je mehr mitmachen, desto lustiger wird es. Eine oder mehrere Dosen werden im Turnraum oder im äußeren Spielbereich der Krippe aufgestellt und dann aus einiger Entfernung mit Tennisbällen beworfen. Welches Kind zielt und trifft schon gut? Wer hat noch Lust zu üben?

## Tellerlauf

*Alter: ab 3 Jahren*
*Geförderte Kompetenzen: Bewegungssicherheit; Geschicklichkeit; Koordination; Motorik; Wahrnehmung*
*Material: Teller; Apfel*

Jedes Kind erhält einen Teller. Auf diesen legen Sie einen Apfel. Das Kind läuft nun mit diesem Teller auf einer Kreidelinie am Boden zum Ziel. Ist das Ziel erreicht, ohne dass der Apfel herunterfiel, kann er gegessen werden.

## Schnipseljagd

*Alter: ab 2 Jahren*
*Geförderte Kompetenzen: Feinmotorik; Denken; Konzentration*
*Material: Buntpapier*

Aus Buntpapier lassen Sie die Kinder Papierschnipsel reißen. Dann verteilen sie diese auf dem Boden des Gruppenraums. Je zwei Kinder laufen auf ein Zeichen hin los und sammeln die Papierschnipsel um die Wette auf. Wenn das Zerreißen des Papiers noch gut vonstattenging, ist das Aufsammeln gar nicht so einfach für kleine Kinderhände.

## Kreis-Ballspiele

*Alter: ab 3 Jahren*
*Geförderte Kompetenzen: motorische Geschicklichkeit; Reaktion; Konzentration; Kreativität; Verbalisieren*
*Material: 1 Ball*

Wir reichen den Ball im Kreis herum, erst linksherum, dann rechts herum, erst langsam, dann immer schneller werdend. Werfen Sie einem Kind einen Ball zu und stellen dabei Fragen: *„Was isst du gern?"* oder *„Was trinkst du gern?"* oder *„Womit spielst du gern?"* oder *„Womit fährst du gern?"* Das Kind beantwortet die Frage und wirft den Ball dem Spielleiter zurück – nun kommt das nächste Kind an die Reihe. Werfen Sie einem Kind den Ball zu und fragen dabei: *„Wie macht die Kuh?"* oder *„Wie macht der Esel? ..."* Das Kind beantwortet die Frage, indem es die Tierstimme nachahmt, wirft dem Spielleiter den Ball wieder zu, und dieser fragt ein anderes Kind nach einem anderen Tier.

## Bärenjagd

*Alter: ab 3 Jahren*
*Geförderte Kompetenzen: Pantomimische Darstellung; Nachvollziehen und*
*Durchführen von Bewegungsabläufen; Bewegungserfahrungen; Zuhören und*
*Beachten der Hinweise durch den Spielleiter; Reaktionsfähigkeit; Darstellen;*
*Motorik; Fantasie*

Die Kinder stehen im Halbkreis dem Spielleiter gegenüber. Dieser sagt ihnen, dass ein „wilder Bär" ausgebrochen sei, der nun wieder eingefangen werden solle. Der Handlungsablauf wird vom Spielleiter durch Kommandos und Bewegungen vorgegeben. Die Kinder machen alle Bewegungen nach:

*Wir schlafen,*
*wachen auf* (recken, strecken, gähnen),
*waschen uns,*
*ziehen uns an,*
*machen die Schranktür auf,*
*holen das Gewehr heraus,*
*Tür auf, Tür zu,*
*wir gehen,*
*unter einem Zaun hindurch,*
*springen über einen Bach,*
*gehen durch hohes Gras,*
*klettern einen Baum hoch.*
*Wo steckt der Bär? Kein Bär in Sicht!*
*Wir klettern den Baum hinunter,*
*wir gehen weiter,*
*den Berg hoch*
(langsam mit hängenden Armen)
*und halten Ausschau.*
*Wo steckt der Bär? Kein Bär in Sicht!*
*Wir gehen weiter,*
*bis vor die Bärenhöhle.*
*Wir rufen: „Bär wo bist du?"*
*Der Bär kommt!*
*Wir laufen, laufen, laufen,*
*den Berg hinunter,*
*laufen, laufen, laufen,*

*klettern den Baum hoch*
*und wieder herunter.*
*Wir laufen, laufen, laufen,*
*durch hohes Gras,*
*klettern unterm Zaun hindurch*
*und laufen weiter,*
*Tür auf, Tür zu,*
*Schrank auf,*
*Gewehr hineingestellt,*
*Schrank zu,*
*wir ziehen uns aus,*
*legen uns hin und schlafen.*

### Brummel-Bär

*Alter: ab 3 Jahren*
*Geförderte Kompetenzen: Bewegungssicherheit; Kommunikation; Motorik;*
*Reaktion; Schnelligkeit*

Dieses Spiel eignet sich für eine größere Spielerzahl. Wir benötigen dafür einen großen Raum (Turnhalle). Ein Kind, das den „Brummel-Bär" spielt, stellt sich in die Mitte, während die anderen Spieler an der Seite des Raumes stehen. Der „Brummel-Bär" ruft nun: *„Wer fürchtet sich vorm König der Löwen?"* Die Kinder antworten: *„Niemand!"* Der „Brummel-Bär": *„Wenn er aber kommt?"* Die Kinder: *„Dann laufen wir davon!"* Daraufhin müssen sie sofort loslaufen und versuchen, auf die andere Seite des Raumes zu kommen. „Brummel-Bär" hat dabei die Aufgabe, möglichst viele Kinder zu fangen. Die Gefangenen werden jetzt selber zum „König der Löwen" und müssen in der nächsten Runde mitfangen. Wer zuletzt übrig bleibt, hat gewonnen.

## Sandspiele

*Alter: ab 1 Jahr*
*Geförderte Kompetenzen: kreatives Ausleben; Wahrnehmen mit allen Sinnen; Gestalten; Konstruieren; Fein- und Grobmotorik; Bewegungssicherheit; Geschicklichkeit; Anlässe für Rollenspiele*
*Material: Sand; Naturmaterialien; Sandspielzeug*

Sandkastenspiele ziehen sich durch unser Leben. Oft unbemerkt, doch immer wieder nach dem gleichen Grundmuster: Eine Idee entsteht, wird in Gedanken durchgespielt, für gut erachtet oder wieder verworfen. Das Spiel mit dem Sand, ob in der Sandkiste, am Sandhaufen in der Ecke des Gartens oder an öffentlichen Spielplätzen aufgeschüttet, gehört seit jeher zu den besten, fantasieanregendsten und noch dazu billigsten Spielmöglichkeiten für Kinder. Schon im Mittelalter liebten Kinder den Sandhaufen, das Spiel mit Ziegelmehl, feuchtem Lehm und Ton. Sie spielten damit Kaufmann und boten das reichlich vorhandene Naturmaterial als „Safran, Ingwer und Süßwurz" an. Der Dichter und Pädagoge Jean Paul (1763–1825) schlug in seiner Erziehungslehre (Levana) „reinen Sand" als universelles Spielmittel vor, *„weil er in der Form nichts ist und von den Kindern zum Bauen, Werfen, Wasserfall, Schreib- und Malgrund verwendet werden kann".*

Über Jahrtausende hinweg ist dieses von Regeln freie Spiel der Kinder im Wesentlichen dasselbe geblieben, unberührt von kulturellen und politischen Ereignissen. Viele hundert Stunden kreativer Spiele werden in der Sandkiste von Kindern gestaltet. Sie wühlen und spielen mit oder ohne Schaufel, Löffel, Eimer oder Becher, füllen Sand um, sieben und „backen Kuchen". Wie die Ameisen laufen Kinder in ihrem Erdhaufen umher, schaffen und bewegen sich. Sie haben ihre Gefäße zur Hand, füllen, messen, tragen fort, schütten aus, als wären es kostbare Materialien, Speisevorräte und Mehl, das zu zahllosen Kuchen, Brötchen und Sandtorten verarbeitet wird. Ein Kind gräbt einen Brunnen, ein anderes formt einen Fluss, wieder andere Kinder bauen Burgen, Häuser, Straßen, errichten Murmeltürme, „beerdigen" tote Insekten und legen Blumenbeete an. Einige Kinder formen Figuren, graben eine Höhle, bauen kleine Fallgruben, die sie mit Stöcken, Gräsern und Blättern bedecken. Bei dieser spielerischen Betriebsamkeit kommen heute wie damals kleine Steine, Stöcke, Ziegelstücke, Holzabfälle, Sammelgegenstände aus der Hosentasche, ausrangierte Teile aus Mutters

Haushalt und gekaufte Spielzeuge wie Autos oder Schaufelbagger zum Einsatz. Sand setzt der kindlichen Fantasie praktisch keine Grenzen. Der Erwachsene wird sich aus diesem erlebnisreichen Spiel der Kinder weitgehend zurückhalten und die Rolle des Beobachters einnehmen. Bringen Sie sich nur dann ein, wenn dies vom Kind gewünscht wird.

Die ungebrochene Kraft der Sandspiele hat ihre Ursache im unstrukturierten Material. Es bietet dem Kind unzählige Möglichkeiten, ständig zu verändern und umzudeuten. Nicht die Reproduktion, sondern die eigene Ausdruckskraft steht beim Spiel mit Sand im Vordergrund. So wird von Kindern immer wieder aufgenommen, was aus der Kinderwelt kommt. Bieten wir dem Kind also immer genügend Anlässe, Raum und Zeit für das Spiel mit diesem wunderbaren Material.

## Maulwurftreffen

*Alter: ab 3 Jahren*
*Geförderte Kompetenzen: Motorik; Sinneswahrnehmung; Konzentration; Spielfreude*
*Material: Sand/Sandkasten*

Ein schönes Sommerspiel für den Sandkasten. Zwei Kinder schaufeln mit ihren Händen einen Sandberg auf und klopfen ihn fest. Dann buddeln sie durch den Sandberg einen Tunnel, indem das eine Kind von rechts nach links, das andere von links nach rechts gräbt. Irgendwann treffen sich die Hände unserer kleinen Maulwürfe tief unter dem Berg.

# Kontakte zu anderen aufnehmen – sich verständigen, sprechen und zuhören

Alle Eltern freuen sich, wenn sie das erste, langersehnte Wort aus dem Mund ihres Kindes hören. Mit jedem neuen Wort verändert sich der Kontakt zu den anderen. Mama ist „lieb", der Grießbrei und die Schokolade schmecken „gut", Papa ist „dick". Durch die Sprache nimmt das Kind Beziehungen zur Umwelt auf. Es gibt nahezu keinen Bereich, in dem wir auf Sprache verzichten können

Die ersten „sprachlichen" Äußerungen erleben wir beim Säugling als Schreien, Gurren und Lallen. Später reagiert er auf das gesprochene Wort der Mutter und nimmt ihre Mimik und Gestik auf. Die erste Sprachleistung des Kleinkindes ist der Einwortsatz, dem dann Zwei- und Mehrwortsätze folgen. In der Regel beginnt das Erlernen der Sprache zwischen dem 18. Monat und dem zweiten Lebensjahr. Wörter werden wiederholt und das Kind fängt an zu fragen. 2-Jährige sind sprachaktiv und kommunikationsfreudig. Nach etwa zweieinhalb Jahren hat das Kind die grundlegenden Kenntnisse im Bereich Wortschatz und Grammatik erworben. Jetzt erreicht das Fragealter seinen Höhepunkt (Wieso, weshalb, warum?).

Die sprachlichen Grundlagen, mit denen Kinder später in die Grundschule kommen, lassen heute oftmals zu wünschen übrig, zumal in vielen Familien immer weniger miteinander gesprochen wird. Es scheint keine Zeit mehr für Gespräche bei Tisch zu geben oder die Erwachsenen haben einfach keine Lust zu Gesprächen. Stattdessen laufen Fernseher und Computer, werden von den Geschwistern und Erwachsenen Mitteilungen in Handys getippt. Alle genannten Medien sind keine brauchbaren Instrumente zur Sprachförderung im Kleinkindalter. Immer seltener stehen auch Geschwister als Gesprächspartner zur Verfügung und die Geschichten und Märchen erzählende Großmutter ist selbst zum Märchen geworden.

Das Sprechenlernen ist für das Kleinkind ein echter Kraftakt, eine sehr anspruchsvolle Aufgabe, die der Unterstützung durch erwachsene Personen bedarf.

Im zweiten Lebensjahr versteht das Kind schon eine ganze Menge, so zwischen 50 bis 200 Wörter. Verfügt das Kind über mehr als 80 Wörter, formuliert es bereits „Zweiwortsätze". Im dritten Lebensjahr redet es immer mehr, die Sprache gewinnt an Bedeutung und es mag Verse und Reime, freut sich an Bilderbuchgeschichten und beginnt seine Gedanken mitzuteilen. Das Kind kann auch schon gut die Bedeutung des Gesprochenen an der Tonlage, Mimik und Gestik des Erwachsenen ablesen.

Eltern, Erzieherin wie Tagesmutter helfen jetzt den Kindern am besten, indem sie mit ihnen in klaren, kurzen Sätzen sprechen, einfache Wörter und Sätze benutzen, bestätigen und wiederholen, was das Kind sagt. Geduldig erklären, auf Fragen eingehen, gut zuhören, nicht zu viel und zu laut mit den Kindern sprechen. Das sprachliche Vorbild der Eltern und der Erzieherin üben einen starken Einfluss aus. Sie sind die „Modelle", die das Kind übernimmt und imitiert.

Im Spiel erlebt das Kind die Sprache als Mittel des Ausdrucks, der Verständigung, Informationsaufnahme und Weitergabe. Laute werden beim Hören und Sprechen unterschieden. Das Kind lernt zuzuhören und erfährt die

Sprache über Reime, Lieder, Verse und Geschichten. Mit der Sprache spielen macht Spaß. Die Spielvorschläge orientieren sich an der Sprachentwicklung des Kleinkindes. Bekunden Kinder besonderes Interesse an Bilderbüchern, sollte dafür gesorgt werden, dass sie für die Kinder erreichbar zur Verfügung stehen. Bilderbücher sind auch Spiel- und Betätigungsobjekte für Rollenspiele, Gespräche, fürs Musizieren, Gestalten und Malen.

## Hörspaziergang

*Alter: ab 3 Jahren*
*Geförderte Kompetenzen: Umweltgeräusche wahrnehmen; Konzentration; Gedächtnis; Kreativität; sich mitteilen; verbalisieren des Gehörten*

Bitten Sie die Kinder bei einem kleinen gemeinsamen Spaziergang über den Spielplatz, durch Straßen, Park und in der Stadt genau zu hören. Was nehmen sie wahr? Was hören Sie? Schreiben Sie alle Geräuschquellen auf und lassen die Kinder im Gruppenraum berichten und malen, was sie auf dem Spaziergang gehört haben.

## Klatschspiele

*Alter: ab 3 Jahren*
*Geförderte Kompetenzen: Bewegung als Unterstützung des sprachlichen Handelns*

Die Kinder stehen sich jeweils zu zweit gegenüber. Sie klatschen zunächst in ihre Hände und dann mit den eigenen Handflächen gegen die des Mitspielers. Begleitend dazu sprechen sie einen einfachen Kinderreim:

Text: überliefert

*Weißt du was?*
*Wenn's regnet, wird's nass,*
*wenn's schneit, wird's weiß.*
*Du bist ein alter Naseweis.*

## Schnalzen

*Alter: ab 3 Jahren*
*Geförderte Kompetenzen: Kräftigung der Zungenmuskulatur*

Schnalzen Sie mit der Zunge zu einem bekannten Kinderlied. Die Kinder versuchen es auch. Wer es schwieriger mag, kann zu dem Kinderlied nicht nur schnalzen, sondern auch klatschen und mit den Füßen stampfen. Ein gesunder Spaß für alle.

## Geschichtenerfinder

*Alter: ab 2 Jahren*
*Material: 1 Bilderbuch*
*Geförderte Kompetenzen: Sprache; Wahrnehmung; Konzentration; aufmerksam zuhören*

Ein Kind blättert blind ein von Ihnen mitgebrachtes Bilderbuch durch und zeigt mit dem Finger auf irgendein Bild, zu dem Sie sich eine Geschichte ausdenken ...

## Händeunterhaltung

*Alter: ab 3 Jahren*
*Geförderte Kompetenzen: Sprechen; die Hand und ihre Aktivitäten als Körperteil erfahren; Fantasie; Ideen sprachlich umsetzen; Feinmotorik*
*Material: Ölkreide oder dicker, abwaschbarer Filzstift*

Jedes Kind malt ein Gesicht auf seine Handinnenfläche. Auf Wunsch der Kinder können Sie ihnen dabei etwas helfen. Dann kann die Unterhaltung der Hände sofort beginnen, z. B. so:

Spieler A: *„Hallo, kleine Hand, zu wem gehörst du denn?"*
(Mit den Fingern winken.)
Spieler B: *„Ich gehöre dem Christian, und ich helfe ihm bei allem, was er macht!"*
Spieler A: *„Was machst du denn morgens, wenn Christian aufsteht?"*
Spieler B: *„Als Erstes öffne ich die Tür zum Badezimmer und dann greife ich nach seiner Zahnbürste ..."*

## Quatschsätze

*Alter: ab 3 Jahren*
*Geförderte Kompetenzen: Bildung kurzer Sätze; Verbalisieren; richtige Zusammenhänge erkennen; Spaß*

Lesen Sie den Kindern folgende Sätze vor und fordern Sie sie auf, sie zu berichtigen:

Die Schnecke ist das schnellste Tier.
Fische wandern über die Berge.
Regenwürmer können zwitschern.
Gurken fliegen durch die Luft.
Die Banane ist ein krummes Tier.
Löffel sind zum Schneiden da.
Kinder dürfen Autos lenken.
Mäuse fressen Elefanten.
Wasser kann verbrennen.

Vielleicht fallen den Kindern auch ein paar lustige Quatschsätze ein?

## Bildbetrachtungen

*Alter: ab 3 Jahren*
*Geförderte Kompetenzen: Gesehenes sprachlich ausdrücken; Personen und Gegenstände werden richtig benannt (Erweiterung des Wortschatzes); Sätze werden zu Satzgefügen; Beobachten; Differenzieren; Erkennen; Farberkennung; Reflexion; Sprache; Tasten; Verbalisierung; Vergleichen; Wahrnehmung; Wissenserweiterung*
*Material: Kunstkalender; Dias; große Bilderbücher; Illustriertenbilder*

Bilder sprechen das Kind ganzheitlich an. Dies umso mehr, wenn die Bilder eine Beziehung oder Tätigkeit zwischen Menschen, Tieren und Dingen ausdrücken. Die Themenbilder sollten deshalb aus dem sozialen Umfeld und der Vorstellungswelt der Kinder stammen. Bei der Auswahl der Bilder sollten Sie nicht nur von Ihrem persönlichen Geschmack ausgehen, sondern darauf achten, dass sie in Form, Farbe und Inhalt das Kind ansprechen. Neben Kunstdrucken und Kunstbildern aus Kalendern sind auch Dias besonders geeignet, bei denen Einzelheiten und Zusammenhänge von den

Kindern erkannt werden können. *Geeignete Kunstbilder sind z. B.:* Dürer: Hase, Eichhörnchen; Dix: Der Hahn; Kollwitz: Mutter mit Kind; Klee: Schiff; Macke: Im Zoo; Rousseau: Kinderstubenbild; van Delft: Die Frau in der Küche; van Gogh: Die Lerche, Der blühende Apfelbaum, Die Schiffe, Der Briefträger; Bilder und Kalender von Janosch, Erwin Moser, Jutta Bauer, Ali Mitgutsch eignen sich ebenfalls.

*Tipp: Ausleihmöglichkeit besteht bei den öffentlichen Büchereien, Informationsmaterial gibt es bei den Buch- und Kunsthandlungen. Kunstdruckkalender sind in der Mitte des Jahres ganz besonders günstig zu erwerben.*

## Bilderbuch-Spiele

*Alter: ab 3 Jahren*
*Geförderte Kompetenzen: freies Sprechen; richtiges Benennen von Gegenständen; Zuordnen von Namen zu den betreffenden Abbildungen; Wortschatzerweiterung; Beobachten; Sprache; Wahrnehmung*
*Material: Bilderbücher und Bildtafeln*

Für diese Spiele suchen Sie geeignete Bilderbücher aus. Die Kinder beschreiben, was sie sehen.

**Variationen:** Bestimmte Abbildungen im Buch werden gesucht *(„Kannst Du mir zeigen, wo die Puppe ist?")* oder die Abbildungen werden benannt, z. B.: *„Das ist ein Auto",* oder die abgebildeten Gegenstände im Raum gesucht.

## Geschichtenbeutel

*Alter: ab 3 Jahren*
*Geförderte Kompetenzen: Sprache; Wahrnehmung; Motorik*
*Material: Stoffbeutel (Turnbeutel) und mehrere Gegenstände (z. B. Spielzeug, Kastanien)*

Legen Sie in einen Stoffbeutel verschiedene, reizvolle Utensilien (Auto, Spielfigur, Tannenzapfen, Puppe, kleines Holzhaus u. a.). Der Reihe nach langt jeweils ein Kind in den Beutel, befühlt die Gegenstände und fischt einen heraus, zu dem sie sich dann eine kleine Geschichte ausdenken.

## Märchenwelt

**Alter:** *ab 3 Jahren*
**Geförderte Kompetenzen:** *Sprachlicher Ausdruck; Fantasie; Denken; Gehör; Kommunikation; Kreativität; Merkfähigkeit; Verbalisierung; Wortschatz*

Beginnen Sie ein Gespräch, in dem sich die Kinder frei äußern und ihrer Fantasie freien Lauf lassen können. Beginnen Sie etwa: *„Stellt euch einmal vor, es ginge auf unserer Welt anders zu, als wir es gewohnt sind. Was wäre, wenn die Blumen auf den Wiesen aus Schokolade wären?"* Die Kinder entwickeln neue Fragen. Z. B.: *„... Was wäre, wenn die Gehwege und Straßen aus Gummi wären?"; „... die Autos fliegen könnten?"; „... die Äpfel aus Plastik wären"; „... die Gurken aus Holz wären"; „... die Wolken aus Watte wären"; „... die Hausdächer aus Zuckerguss wären"; „... das Gras aus Kaugummi wäre"; „... die Fenster und Türen aus Papier wären"; „... das Wasser aus Sand wäre"; „... die Bäume aus Glas wären?"*

## Blumenpflücker

**Alter:** *ab 2 Jahren*
**Geförderte Kompetenzen:** *Sprache; sinnliche Wahrnehmung; Denken; Motorik; Farben erkennen*
**Material:** *Tonpapiere in den Farben rot, blau und gelb; Schere*

Schneiden Sie aus Tonpapier handgroße Blumen in den Farben rot, blau und gelb aus und legen sie draußen im Garten aus. Gemeinsam mit den Kindern sitzen sie zusammen im Garten und sagen nun: *„Bring mir doch mal bitte die gelbe Blume!"* Oder etwas schwieriger: *„Bring mir bitte erst eine rote, dann eine blaue Blume!"*

## Anrufen

*Alter: ab 3 Jahren*
*Geförderte Kompetenzen: Sprache; sinnliche Wahrnehmung; Motorik; Konzentration; Sozialverhalten*
*Material: Kindertelefon oder altes Handy*

Handy und Telefon sind nicht nur die Lieblingsspielzeuge von Erwachsenen. Auch auf Kleinkinder üben diese „Quasselapparate" eine besondere Faszination aus. Die Kleinen imitieren die Großen beim Spielen und brabbeln in die Geräte. 3-Jährige können schon Rollen übernehmen. Und so improvisieren wir kleine Geschichten, bei denen sich „Oma und Enkel", „Mutter und Kind" oder „Erzieherin und Kind" telefonisch unterhalten.

## Reime und Gedichte

*Alter: ab 2 Jahren*
*Geförderte Kompetenzen: Gehör; Kommunikation; Sprache; Fantasie; Wahrnehmung; Wortschatz*

Mit der Erweiterung des Wortschatzes wächst auch die Freude an Reimen und Gedichten. Reime lassen sich nach bestimmten Gesichtspunkten ordnen: Reime vom Wetter (Sonne, Mond, Himmel, Regen); Tierreime; Zungenbrecher oder Schnellsprechverse; Abzählverse; Scherz- und Neckreime; Kniereiterverse; Reime aus der Umwelt des Kindes. Für jedes Vortragen und Spiel mit Reimen gilt: Es ist falsch, von den Kindern eine Einübung des Reimes zu verlangen. Das Kind nimmt den Reim ganzheitlich und bildhaft auf. Das zeilenweise Lernen ist somit ein sinnloses Unterfangen. Geeignet für die Arbeit im Kindergarten sind z.B. erzählende Gedichte von Erika Engel, Paula Dehmel, Friedrich Gull, James Krüss, Viktor Blüthgen, Gustav Falke, Christian Morgenstern, Eduard Mörike und Heinrich Hoffmann v. Fallersleben und James Krüss.

## Was gehört zusammen?

*Alter: ab 2 Jahren*
*Geförderte Kompetenzen: Sprache; Wahrnehmung; genaues Beobachten;*
*Denken; Konzentration; Wiedererkennen; Verbalisieren*
*Material: Buntstifte; festes Papier; Alltagsgegenstände*

Zeichnen Sie mehrere Gegenstände aus dem Alltagsleben auf. Wie z. B. Teller, Tasse, Becher, Löffel, Zahnbürste, Wecker, Topf, Vase und Kugelschreiber. Die entsprechenden Gegenstände suchen Sie zusammen und bauen sie zusammen mit den Bildern auf einem Tisch auf. Jeweils ein Kind sucht zusammen, was zueinander gehört. Erläutern Sie die Gegenstände und machen so deutlich, wie Bilder und Sprache miteinander zu tun haben.

## Abzählverse

*Alter: ab 3 Jahren*
*Geförderte Kompetenzen: Sprache; Merkfähigkeit; Verbalisierung; Spaß*

*Eins, zwei, drei – und du bist frei.*

*Ine, mine, minke, tinke Vater, rüde, rolke, tolke Wucker, wacker, weg.*

*Eins, zwei drei, die anderen sind vorbei.*

*Schnips, schnaps, schnaus, du bist raus.*

*Eins, zwei, drei, vier, fünf, sechs, sieben eine alte Frau kocht Rüben,*
*eine alte Frau kocht Speck und du bist weg.*

*Eins, zwei drei, vier, fünf – mach dich auf die Strumpf, mach dich auf die*
*Schuh, sonst bist's du.*

*Es läuft eine Maus durch unser Haus. Treppauf, treppab tippeldip, tippeldap*
*und du bist ab.*

*Zippe, zapp, Knopf ist ab.*

*So ein Dreck, du bist weg.*

*Ene, mene, mu und ab bist du, ab bist du noch lange nicht, musst erst sagen,*
*wie alt du bist.*

# Soziales Lernen – sich selbst und andere entdecken

Die Aufnahme in die Krippe oder Tagespflege kann anfänglich für das Kleinkind mit Belastungen verbunden sein. Es muss sich auf neue Menschen wie die Erzieherin bzw. Tagesmutter und neue Spielkameraden einstellen. Die neuen erwachsenen Bezugspersonen werden von Anfang an bemüht sein, Vertrautheit herzustellen, indem sie z. B. gemeinsam mit dem Kind und seinen Eltern die Räumlichkeiten der Einrichtung erkunden. Durch die Anwesenheit eines Elternteils werden dem Kind Sicherheit und Geborgenheit vermittelt. Sie sind die Grundlagen für Vertrauen. Im Lauf der nächsten Tage entsteht eine Regelmäßigkeit, in der die Erzieherin oder Tagespflegeperson immer mehr zur Kontaktvertiefung übergeht, während sich das Elternteil zurückzieht. Das Kind spürt, dass es auch der neuen Bezugsperson vertrauen und auf sie zählen kann. Nach etwa drei bis vier Wochen ist die Eingewöhnung in der Regel abgeschlossen. Das Kind weint nicht mehr beim

Abschied von der Mutter. Es braucht weniger Trösterchen wie „Schnulli" oder „Schnuffeltuch", es kommt freiwillig und gern in die Einrichtung, spielt parallel zu den Kindern und nimmt allmählich Kontakt von sich aus zu den anderen Kindern auf. Es kommt zur freundlichen bis innigen Interaktion mit der Erzieherin bzw. zur Tagesmutter. Die Eingewöhnung ist gelungen.

Neben der einfühlsamen, liebevollen Zuwendung durch die Erzieherin, einem strukturierten Tagesablauf, Sicherheit gebenden Ritualen, klaren Regeln und ausreichendem Raum- und Materialangebot für den natürlichen Bewegungsdrang der Kinder, sind geeignete Spielanreize für die soziale Entwicklung des Kindes von grundlegender Bedeutung.

Durch kleine Kennenlernspiele helfen wir Kindern miteinander Kontakt aufzunehmen und ihre anfängliche Scheu abzubauen. Dabei hilft natürlich die Erzieherin, indem sie diese Spiele nicht nur initiiert, sondern auch steuert. Die Spielangebote zur Bewegung in diesem Buch bieten viele Möglichkeiten der Kontaktaufnahme und des sozialen Lernens.

Spiele, die soziales Lernen anregen, helfen beim Aufbau einer stabilen Persönlichkeit, beim Entdecken des eigenen Ich und der anderen. Sie sind ein erster Schritt zum Selbstbewusstsein und eine Basis für alle weitere Entwicklung.

Etwa bis zu 18 Monaten spielt das Kind noch nicht mit, sondern neben anderen Gleichaltrigen, aber es interessiert sich für andere Kinder. In der zweiten Hälfte des zweiten Lebensjahres orientiert sich das Kind zunehmend an anderen. Zu Beginn des dritten Lebensjahres erkennt sich das Kind im Spiegel und benutzt das Wort „ich". Die meisten Kinder zeigen etwa ab 2,6 Jahren Anzeichen für ein differenziertes Selbst. Zu diesem Zeitpunkt beginnt auch die Gewissensbildung. Das Kind verteidigt seine Spielsachen und geht allmählich auf andere zu. Es werden erste, flüchtige Freundschaften geschlossen, das Kind beginnt mit anderen zu spielen. Es hat besondere Freude an Rollenspielen. Mit Hilfe einiger beliebter, bewährter wie auch neuer Spiele können wir das Selbstbewusstsein und das Miteinander der Kleinkinder stärken.

## Kontaktaufnahme

Durch Kennenlernspiele wird der Gruppenprozess in Gang gesetzt. Die einzelnen Gruppenmitglieder nehmen Kontakt miteinander auf; es kommt zur Lockerung und Entspannung. Die anfängliche Scheu und Gehemmtheit, die sich oft in Sprechängsten äußern, werden abgebaut. Kennenlernspiele lassen sich in allen Altersgruppen, vom Vorschulalter an spielen. Um dem Kind die Kontaktaufnahme zu erleichtern, muss der Erwachsene versuchen, dem Kind in allen Situationen ein Gefühl der Sicherheit zu geben. Die Kleinsten nimmt die Erzieherin auf dem Arm und mit den 2- bis 3-Jährigen „Großen" kann man schon eine lustige Busreise durch den Gruppenraum unternehmen.

### Lustige Busreise

*Alter: ab 3 Jahren*
*Geförderte Kompetenzen: Bewegen; Kommunikation; Motorik; Koordination; Wahrnehmung; Kennenlernen; Selbsterfahrung; Sozialverhalten*

Je vier bis fünf Kinder (entsprechend der Gesamtteilnehmerzahl) bilden eine Riege. Sie hängen sich aneinander, indem sie die Schulter oder Taille des Vordermannes fassen. Das vorderste Kind ist der „Busfahrer". Es darf die Geschwindigkeit und Fahrtrichtung bestimmen. Gleichgültig, wie schnell die Fahrt abläuft, die durch Geräusche (Hupen, Bremsenquietschen usw.) begleitet wird, es darf keiner den Vordermann loslassen, sonst muss er ausscheiden. Dem „Busfahrer" kann dies geschehen, wenn er mit einem anderen „Bus" zusammenstößt.

### Namen werfen

*Alter: ab 3 Jahren*
*Geförderte Kompetenzen: Lernen der Namen; Bewegen; Geschicklichkeit*
*Material: 1 Wurfball*

Die Kinder bilden einen Kreis. Ein Kind in der Mitte erhält einen Ball. Beim Hochwerfen des Balls ruft es den Namen eines anwesenden Kindes. Egal, ob der Ball von diesem gefangen wird oder nicht, jedes Kind sollte einmal einen Mitspieler aufrufen können. Sie lenken das Spiel, wenn bestimmte Kinder zu häufig, andere dafür gar nicht aufgerufen werden.

## Mein rechter Platz ist leer

*Alter: ab 3 Jahren*
*Geförderte Kompetenzen:* Farberkennung; Sprache; Kennenlernen; Kommunikation; Bewegen

Dieses alte Kreisspiel erfreut sich auch heute noch großer Beliebtheit. Ein Stuhl im Kreis bleibt leer. Das Kind, zu dessen rechter Seite der leere Stuhl steht darf sich einen Nachbarn wünschen. Dabei muss es ihn beschreiben: *„Mein rechter Platz ist leer, ich wünsche mir das Kind mit dem blauen Rock der weißen Bluse und den blonden Haaren her!"* Das angesprochene Kind wechselt nun den Platz und das Spiel beginnt aufs Neue. Sie können bei diesem Spiel beobachten, welche Kinder zueinander Kontakt suchen.

## Ein Turm aus Händen

*Alter: ab 3 Jahren*
*Geförderte Kompetenzen:* Kontakt- und Kooperationsfähigkeit; Reaktionsvermögen; Motorik; Schnelligkeit; Sozialverhalten

Die Kinder sitzen am Tisch. Ein Kind legt seine rechte Hand auf die Tischplatte, ein anderes legt seine darauf usw. Das erste Kind zieht seine zuunterst liegende Hand heraus und legt sie obenauf. So machen es auch die anderen Kinder der Reihe nach, bis der Turm zusammenbricht.

## Armer schwarzer Kater

*Alter: ab 3 Jahren*
*Geförderte Kompetenzen:* Bewegen; Darstellen; Selbstbeherrschung; Kommunikation; Sozialverhalten

Die Kinder sitzen im Stuhlkreis. Ein Kind ist der schwarze Kater, der im Kreis herumkriechen muss. Es sucht sich ein Kind aus, bei dem es versucht, durch klägliches Miauen Mitleid zu erregen. Dabei vollführt der Kater die tollsten Verrenkungen. Trotzdem darf niemand Reaktionen zeigen. Das ausgesuchte Kind sagt: *„Ach, du armer schwarzer Kater!"* Verzieht er jetzt das Gesicht zu einem Lächeln oder lacht sogar, dann scheidet er aus und ein anderes Kind übernimmt seine Rolle.

## Ich sehe mich im Spiegel

*Alter: ab 2 Jahren*
*Geförderte Kompetenzen: Wahrnehmung; Selbsterfahrung; Motorik; Konzen-*
*tration; Denken; Sprache*
*Material: 1 Spiegel; rote Fingerfarbe*

Sobald Kinder das Wörtchen „Ich" entdecken, beginnen sie auch, sich im Spiegel zu erkennen. Ob es schon so weit ist, können Erzieher und Eltern leicht ausprobieren, indem sie dem Kind einen kleinen roten Punkt auf die Stirn tupfen. Ein Kleinkind deutet auf den Spiegel und sucht auf der Spiegeloberfläche nach dem Punkt. Ein älteres Kind wird sich an seine Stirn fassen, denn es ist in seiner Entwicklung schon ein Stück weiter.

## Wir stellen uns vor

*Alter: ab 3 Jahren*
*Geförderte Kompetenzen: freies Bewegen vor der Gruppe; Kommunikation;*
*Kennenlernen; Merkfähigkeit*

Es wird ein Stehkreis gebildet. Jedes Kind nennt seinen Vor- und Nachnamen und macht dazu eine Bewegung oder Geste. Die Gruppe wiederholt jeweils den Namen und die Bewegung.

## Rollenspiele

*Alter: ab 3 Jahren*
*Geförderte Kompetenzen: Darstellen; Experimentieren; Kommunikation;*
*Kreativität; Motorik- Fantasie; Reflexion; Sprache; Verbalisierung; Sozialver-*
*halten, freies Reden, Wissenserwerb*

*Rollenspiele* gehören zu den Lieblingsspielen kleiner Kinder. Führen wir mit Kindern ein Rollenspiel durch, so muss ein bestimmtes Erlebnis vorausgegangen sein. Es wäre aber falsch, ein Rollenspiel zu erzwingen und dem Kind eine bestimmte Rolle aufzudrängen. Im Freispiel erleben wir das Kind ständig in verschiedenen Rollen (Vater-Mutter-Kind-Spiel, Kinderpost, Kaufmannsladen, Indianerspiel, Situationen des alltäglichen Lebens). Das Rollenspiel kann dem Kind neue Impulse und Anregungen für sein Freispiel bieten. Am Erwachsenen liegt es, dem Kind genügend Material zur Verfügung zu stellen (z. B. alte Kleidungsstücke – Verkleidungskiste, Stoffreste, Papier, altes Geschirr, Kochtöpfe usw.). Das Rollenspiel im Kindergarten oder zu Hause, das Kinder sehr oft ohne Anleitung spielen, wird als „spontanes Rollenspiel" bezeichnet. Dort, wo der Erwachsene einwirkt, um ein bestimmtes Ziel zu erreichen, handelt es sich um das „gelenkte Rollenspiel". In beiden Spielformen setzt sich das Kind mit seiner unmittelbaren Umwelt auseinander.

**Die Vorteile des Rollenspiels sind:**
- Die Wirklichkeit wird simuliert, ohne deren Ernsthaftigkeit fürchten zu müssen.
- Die Gefühle der Sozialpartner (Spielpartner), werden besser verstanden.
- Die Teilnehmer am Rollenspiel erhalten eine unmittelbare Rückmeldung durch den Partner oder die Gruppe.
- Durch Überzeichnung treten bestimmte Verhaltensweisen deutlicher hervor.
- Neues Verhalten und dessen Wirkung auf andere wird erprobt.
- Im Rollenspiel werden soziale und persönliche Konsequenzen des Verhaltens deutlich.

**Beispiele für einfache Rollenspiele:**
- wir spielen „Großreinemachen"
- wir machen eine Reise
- Mama hat Geburtstag
- wir bekommen ein Haustier
- wir gehen Einkaufen
- wir kochen
- wir machen einen Wochenendausflug
- wir haben ein Baby
- Autowaschen mit Papa

## Lustiger Paul

*Alter: ab 3 Jahren*
*Geförderte Kompetenzen: Kommunikation; Kooperation; verschiedene Bewe-gungsarten werden zusammen mit den Spielpartnern ausgeführt; rhythmisch-musikalisches Empfinden; Kennenlernen; Motorik; Darstellen; Kreativität*
*Material: CD-Player mit rhythmisch betonter Musik*

Lustig wird es besonders bei Kinderfesten, wenn ein Kind freiwillig oder von Ihnen ausgesucht zum, „lustigen Paul" ernannt wird. Zu einer rhythmisch betonten Musik marschiert er durch den Raum. Alle anderen Kinder dürfen hinterhergehen und seine Faxen nachmachen, wie z. B. Trippeln, Hüpfen, lange Schritte, federnder Gang, Stelzen, Flügelschläge beim Laufen, Rück-wärtsgehen, Zwergengang usw.

## Sonne und Regen

*Alter: ab 3 Jahren*
*Geförderte Kompetenzen: Kommunikation mit anderen Kindern; Gruppen-bildung; Reaktionsfähigkeit;*
*Material: Unterschlupfmöglichkeiten, wie Tisch, große Pappkartons, Decken, Spielhaus usw.*

Erzählen Sie eine Geschichte von Kindern, die einen Ausflug machen: „*Ihr geht über Wege und eine grüne Wiese, auf der gehüpft, gelaufen, auf Händen und Füßen gekrochen wird oder „Fange" gespielt wird ...*" Dabei führen die Kinder die von Ihnen angegebenen Bewegungen aus. Fällt in der Geschichte aber das Wort „Sonne", so setzen sich alle Kinder auf den Fußboden. Taucht in der Geschichte dagegen das Wort „Regen" auf, so versuchen alle Spieler ganz schnell in einer Ecke, unter einem Tisch u. Ä. Unterschlupf zu finden.

## Schmusegegenstände und Trösterchen

*Alter: ab 1 Jahr*

Die Lieblingsdecke, der Stoffhase oder der Teddybär sind wunderbare Helfer für Kinder mit Trennungsängsten in der Eingewöhnungsphase. Und wenn mal Tränen fließen, ohne dass sich jemand ernsthaft wehgetan hat, helfen neben Zuwendung, Versorgung und „Wegpusten" in vielen Fällen ein, zwei kleine „Alles-wird-gut"-Trostverse:

*Hokuspokus Sahnesoß,*
*3-mal dicker Zuckerkloß,*
*eine gute Tasse Tee,*
*und das Knie tut nicht mehr weh.*

*Hör doch auf zu weinen,*
*die Sonn' wird wieder scheinen,*
*die Glocken werden klingen,*
*die Vögel werden singen,*
*die Enten werden schnattern,*
*die Hühner werden gackern,*
*der Hahn wird wieder schrei'n*
*und du wirst lustig sein.*

*Heile, heile Segen,*
*morgen gibt es Regen,*
*übermorgen Sonnenschein,*
*dann wird's wieder besser sein.*

## Singen und Musizieren – Nahrung für Sinne, Emotionen und Motorik

Ohne Musik und Gesang ist unser Leben überhaupt nicht vorstellbar. Musik ist ein Ausdruck der Lebensfreude. Sie stimuliert, löst Gefühle aus, regt an und entspannt, weckt Fantasie und Experimentierfreude, animiert zu schöpferischem Handeln. Musik fördert die Konzentration und das Einfühlungsvermögen. Aufgrund zahlreicher wissenschaftlicher Untersuchungen wissen wir heute, dass sich das Musizieren positiv auf die Großhirnrinde auswirkt. Beim Musikmachen werden stets die Sinne, Emotionen und die Motorik angesprochen. Musizieren macht klug und das Singen ist gesund, zumal das Kind hierbei seine Lungen testet und kräftigt.

Durch Spiele, Singen und Aktivitäten rund um Töne und Geräusche fördern wir die akustische Wahrnehmung des Kindes. Es erfährt akustische Veränderungen, wird zum bewussten Hören von Musik veranlasst und wird neugierig auf musikalische Vorgänge. Im Spiel und beim Singen erlebt bereits das Kleinkind, dass es selbst aktiv erproben und gestalten kann. Die Voraussetzungen für das Singen und Musizieren sind besonders günstig. Schon im Mutterleib nimmt das Kind den Herzschlag seiner Mutter wahr. Es ist gewissermaßen die erste Musik in seinen Ohren. Kommt es auf die Welt, bringt es ein „angelegtes" Interesse an der Musik mit. Das Kleinkind ist von Anfang an begierig auf neue Klänge und Geräusche. Es fabriziert bereits in den ersten Lebensmonaten aktiv eigene Töne und freut sich an seinem Glucksen, Juchzen, Prusten, Kreischen und Quietschen. Für die Ohren des Kleinkindes ist vieles Musik, ob Vogelgezwitscher, Hundegebell, Vaters elektrischer Rasierapparat, das Scheppern der Teller beim Tischdecken oder der Klang des Rasenmähers vor dem Haus.

1-Jährige sammeln erste Hörerfahrungen zu Haus durch Musik aus dem Radio oder Fernseher. Sie kommunizieren mit ihrer Mutter und versuchen ihren Singsang zu imitieren. Im zweiten Lebensjahr klatscht, tanzt und strahlt das Kind, wenn es Musik hört und daran gewöhnt ist, Musik zu hören. Es interessiert sich für CDs mit Liedern und freut sich über Spielzeuge, mit denen sich Geräusche und Musik machen lassen. Im dritten Lebensjahr beginnt das Kind Lieder zu singen, wenn wir es dazu ermutigen. Und es hat Freude, mit kleinen Instrumenten zu hantieren und Geräusche zu erzeugen. Gemeinsames Singen ist die beste Möglichkeit, Kinder mit Musik vertraut zu machen. Durch Spiel und Gesang, auch unter Einsatz einfacher, kleiner Rhythmusinstrumente, können die Kinder Musik auf ganz unterschiedliche Weise erleben. Meist sind sie selbst erstaunt, welch „tolle Töne" sie da hervorzaubern und das man sich nach Musik so schön bewegen kann. Deshalb werden die ersten Kinderlieder auch tänzerisch und rhythmisch mit Klatschen, Stampfen und Trampeln begleitet.

Es empfiehlt sich, Freispiel und gezielte Aktivitäten harmonisch aufeinander abzustimmen. Die knapp 3-Jährigen können sich bei Spielen im Stuhlkreis nur kurze Zeit, etwa 15 Minuten konzentrieren. Den 2-Jährigen und jüngeren Kindern bieten wir nur ein Lied oder Spiel an und lassen sie anschließend frei spielen. Das Kind erlebt Musik ganzheitlich, d. h. als Bewegungsablauf, als rhythmisch-musikalische und als emotional-affektive (gefühlsbetonte) Wahrnehmung. Singen und Musizieren beeinflussen die Entwicklung des Kindes ganz entscheidend, sie nehmen deshalb einen besonderen Raum im Tagesablauf des Kindergartens ein.

## *Begrüßungslied: Guten Tag, guten Tag*

*Alter: ab 1 Jahr*

Melodie und Text: mündlich überliefert

*Guten Tag, guten Tag,*
*seid ihr alle da,*
*zum Singen, Tanzen, Spielen*
*fideralala.*

## *Die Kinderschlange*

*Alter: ab 1 Jahr*

Melodie und Text: mündlich überliefert

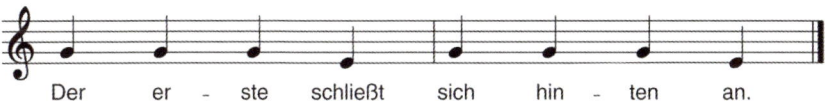

*Die Kinderschlange schleicht heran,*
*die Kinderschlange schleicht heran.*
*Der Erste schließt sich hinten an.*

 *Tipp: Die Kinder fassen sich zur Schlange. Bei „der Erste ..." geht das*
*Kind, das am Kopf der Schlange ist, an den Schwanz zurück. So führt*
*jeder einmal die Schlange an.*

## Wenn ich froh bin

*Alter: ab 1 Jahr*

Melodie und Text: mündlich überliefert

Wenn ich froh bin,
klatsch ich in die Händ', (klatschen)
wenn ich froh bin,
klatsch ich in die Händ', (klatschen)
wenn ich froh bin, klatsch ich,
wenn ich froh bin, klatsch ich,
wenn ich froh bin, klatsch ich in die Händ'. (klatschen)

*Wenn ich froh bin, stampf ich mit dem Fuß ...* (stampfen)
*Wenn ich froh bin, ruf ich lauf „Hurra" ...* (hurra rufen – Arme hoch)
*Wenn ich froh bin, mach ich alles drei ...* (klatschen, stampfen, hurra rufen)

## Knistermusik

*Alter: ab 1 Jahr*
*Geförderte Kompetenzen: Musikalität; Motorik; Konzentration*
*Material: Kissenbezug; Zeitungspapier; Knisterfolie*

Ein Spiel für die Jüngsten in der Gruppe, für das Sie Zeitungspapier oder Knisterfolie in einen Kissenbezug stecken und anschließend einem Kind zum Spielen geben. Bei jeder Bewegung ertönen neue Geräusche aus dem Zauberkissen.

## Liebe, liebe Sonne

*Alter: ab 1 Jahr*

Melodie und Text: mündlich überliefert

*Liebe, liebe Sonne,*
*komm ein bisschen runter,*
*lass den Regen oben,*
*dann wollen wir dich loben.*
*Einer schließt den Himmel auf,*
*kommt die liebe Sonn' heraus.*

## Was hörst du?

*Alter: ab 2 Jahren*
*Geförderte Kompetenzen: Sinneswahrnehmung; Musikalität; aufmerksames*
*Zuhören; Geräusche differenzieren und benennen; Konzentration*
*Material: CD-Player mit Geräusche-CD*

Bei diesem Spiel können die Kinder neue Klangerfahrungen sammeln. An einem Regentag kann man aufmerksam zuhören, welche Geräusche der Regen von sich gibt, wenn er gegen die Fensterscheiben prasselt oder klatscht. Wie es klingt, wenn er auf das Dach oder ein geparktes Auto trommelt. Wie wenn er auf eine umgedrehte Plastikschüssel oder auf einen umgestülpten Blecheimer platscht? Wie klingt z. B. das Ticken einer mechanischen Uhr aus der größeren Entfernung im Gruppenraum oder aus der Nahe? Spielen Sie den Kindern eine vorbereitete CD mit Geräuschen, Tönen und Klängen aus dem Alltagsleben ab. Bitten Sie die Kinder, leise zu sein und aufmerksam zuhören. Wer erkennt, um welches Geräusch es sich gerade handelt?

## Hör- und Mitmachspiele

*Alter: ab 2 Jahren*
*Geförderte Kompetenzen: Aufmerksames Zuhören; Erkennen;*
*Selbsterfahrung*

In der musikalischen Förderung spielt die Hörfähigkeit des Kleinkindes eine ganz wichtige Rolle. Das Kind hört, erkennt und ahmt nach. So werden von ihm Menschen identifiziert (z. B. der nach Hause kommende Vater), Gegenstände entdeckt (das Geräusch, wenn die Zimmertür oder eine Schranktür geöffnet wird), Atmosphäre erspürt (die Mutter streichelt den Kopf des Kindes und singt dabei).

Im Tageslauf der Krippe oder in der Tagespflege begegnen dem Kind immer wieder die gleichen Gegenstände, vollziehen sich immer wieder gleichbleibende Handlungen, die mit Geräuschen verbunden sind. Sie bieten Anhaltspunkte für kleine Hörspiele bzw. Hörübungen:

- Stellen Sie ein Geräuschrätsel, indem Sie die Stimme eines bestimmten Tieres (Hund, Katze, Esel, Kuh, Hahn ...) nachahmen. Die Kinder versuchen, das jeweilige Tier zu erraten und spielen es nun in der entsprechenden Tierbewegung nach.

- Singen Sie mit den Kindern ein beliebiges Lied in verschiedenen Rollen und mit verschiedenen dazugehörigen Stimmen: mal als zarte Prinzessin, mal als böse Hexe mit kratziger Stimme, mal als tapsiger, alter Brummbär ... Die Kinder hören zunächst aufmerksam zu und machen dann selbst mit. Dieses Rollensingen ist ein Hör- und Mitmach-Spaß für die Kinder und weitet gleichzeitig ihren Resonanzkörper.
- Dem Jüngsten halten Sie einen tickenden Wecker ans Ohr und führen die Hand des Kindes an das Gehäuse des Weckers. Das Kind hört und spürt den gleichmäßigen Schlag, der noch durch Körperbewegungen, die Sie und das Kind miteinander vollziehen, verstärkt wird. Beide pendeln hin und her, so, wie die Uhr tickt.

### *Uns're Katz heißt Mohrle*

*Alter:* ab 2 Jahren

Melodie und Text: mündlich überliefert

Uns'-re Katz heißt Mohr – le, hat ein wei-ßes Ohr – le,

hat ein schwar-zes Fell, und wenn es was zu na-schen gibt, dann ist

sie gleich zur Stell.

*Uns're Katz heißt Mohrle,*
*hat ein weißes Ohrle,*
*hat ein schwarzes Fell,*
*und wenn es was zu naschen gibt,*
*dann ist sie gleich zur Stell'.*

Das Lied kann vor den Mahlzeiten gesungen werden: Basteln Sie eine Katze und lassen sie, während sie das Lied gemeinsam singen, von den bereitgestellten Essen naschen.

## Anna hat Geburtstag

*Alter: ab 2 Jahren*

Melodie und Text: mündlich überliefert

*Die Anna hat Geburtstag*
*tra lalala la,*
*(freun sich) alle Kinder* (statt freun sich: stampfen, klatschen, singen)
*tra lalala la.*

## Wo steckt die Pfeife?

*Alter: ab 3 Jahren*
*Geförderte Kompetenzen: Gehör; Bewegen; Reagieren auf akustische Reize (genaues Beobachten und schnelles Reagieren); Wahrnehmung (Gehörsinn)*
*Material: Trillerpfeife*

Die Kinder gehen frei im Raum umher. Ein Mitspieler bekommt – unauffällig für die anderen – eine Trillerpfeife zugesteckt. Ein Kind hat nun die Aufgabe, die Pfeife zu entdecken. Der Spieler mit der Pfeife gibt immer wieder kurze Signale, bemüht sich jedoch, nicht entdeckt zu werden.

## Küchenkonzert

*Alter: ab 2 Jahren*
*Geförderte Kompetenzen: akustische Wahrnehmung; Neugier auf musikalische Vorgänge; Erproben; bewusstes Hören; Spielfreude*

Wenn es darum geht, beliebige Gegenstände, z. B. aus dem Haushalt, als Musikinstrumente zu verwenden, sind Kinder besonders fantasievoll. Der erste Lärm, der mit dem Kochlöffel, Töpfen und Plastikschüsseln erzeugt wird, erfordert von den Erwachsenen Geduld und strapazierfähige Nerven. Füllen Sie Pappschachteln (z. B. leere Milchtüten), Jogurtbecher, Dosen mit Erbsen, Bohnen, Linsen, kleinen Steinen, harten Bonbons, Holzstücken, Reis usw. Werden diese allein oder in der Gruppe geschüttelt, entstehen eindrucksvolle Geräusche.

**Variation:** Streichholzschachteln mit unterschiedlicher Füllung ergeben völlig unterschiedliche Klangkörper.

## Fröhlich drauflos gesungen

*Alter: ab 2 Jahren*
*Geförderte Kompetenzen: Musikalität; Mundmotorik; sinnliche Wahrnehmung; Konzentration; Sprache; Selbsterkenntnis; Lebensfreude*

Erzieherinnen und Eltern, die regelmäßig mit ihren Kindern singen, unterstützen die natürliche Freude am Gesang und an der Musik. Wer nur wenige Lieder kennt, kann auch Fantasiemelodien singen und summen. Die Kleinen staunen und haben Spaß diesen Darbietungen der Großen und können allmählich ihr musikalisches Gehör entwickeln.

## Klatschen

*Alter: ab 3 Jahren*
*Geförderte Kompetenzen: Musikalität; Wahrnehmung; Motorik; Sinne; Konzentration; Kreativität; Spielfreude*

Musik ist auch stets mit Bewegung verbunden. Die Kinder genießen es, zu klatschen, mit den Füßen zu stampfen, sich im Takt zu bewegen und zu tanzen. Klatschen Sie in die Hände. Einmal, 2-mal, 3-mal ... zunächst langsam, dann immer schneller werdend, dann wieder langsam. Geben Sie einen leichten Rhythmus vor. Es dauert nicht lange und die Kinder klatschen begeistert mit.

## Lieder in Begleitung mit Instrumenten

*Alter: ab 3 Jahren*

Kinder musizieren gerne. Alles, was mit Geräuschen und Klängen verbunden ist, findet ihr Interesse. Für die folgenden kleinen musikalischen Spiele können Sie zusammen mit den größeren Kindern mit etwas Geschick einige einfache Instrumente herstellen.

*Schütteln oder Rasseln:* Metalldosen (z. B. Cremedosen) mit Erbsen, Linsen oder Reis füllen, den Deckel zusätzlich mit einem Klebeband verschließen. Füllen Sie auf die gleiche Art leere Schachteln (z. B. Streichholzschachteln), so können Sie leise Geräusche nachahmen, wie etwa das Schleichen einer Katze oder Säuseln des Windes in den Bäumen.

*Schellenkranz:* Mit einem Milchdosenöffner stechen Sie ein Loch in Flaschenverschlüsse oder Kronkorken, reihen sie dann auf einen stabilen Draht auf und schließen die Drahtenden zu einem Ring, die Enden umwickeln Sie mit einem Klebeband. Hin und wieder können Sie ein kleines Glöckchen zwischen den Metallverschlüssen aufziehen, das ergibt einen noch schöneren Klang.

*Schellen:* Kleine Glöckchen werden an einem viereckigen Tuch befestigt.

*Trompeten:* Vor eine Öffnung einer Küchenrolle spannen Sie Pergamentpapier und befestigen es an der Rolle mit einem Klebeband. Sie können hineinblasen, -summen oder Tierlaute nachahmen, z. B. das „Uhu" der Eulen.

*Klanghölzer:* Mit zwei Rundhölzern (Durchmesser und Länge nach Belieben) lassen sich rhythmische Klopfgeräusche erzeugen.

*Trommeln:* Mit einem Holzstab kann man auf verschiedene leere Metalldosen schlagen.

*Zupfinstrument:* In leere große Waschmittelbehälter bohren Sie mit einem Milchdosenöffner mehrere sich gegenüberliegende Löcher, durch die Sie ein unterschiedlich straff gespanntes Hutgummiband ziehen. Beim Zupfen entstehen verschiedene Töne. Die Musikinstrumente lassen sich mit Farbe oder Buntpapier noch verschönern.

Die folgenden Verse eignen sich besonders gut zum Mitmachen:

Melodie: Wozu sind uns're Hände da ...

*Wozu sind uns're Glöckchen da,*
*Glöckchen da, Glöckchen da,*
*wozu sind uns're Glöckchen da, Glöckchen da?*
*Die Glöckchen sind zum Klingen da, Klingen da ...*

*Wozu sind uns're Rasseln da ...*
*Die Rasseln sind zum Schütteln da ...*

*Wozu sind uns're Trommeln da ...*
*Die Trommeln sind zum Schlagen da ...*

*Wozu sind uns're Zithern da ...*
*Die Zithern sind zum Zupfen da ...*

Melodie: Summ, summ, summ, Bienchen summ herum ...

*Bim, bam, bum, die Trommel geht herum.*
*Trommel laut und trommel leise,*
*jeder tut's auf seine Weise.*
*Bim, bam, bum, die Trommel geht herum.*

*Kling, klang, kling, kling mein Glöckchen kling.*
*Klinge laut und klinge leise,*
*jeder tut's auf seine Weise.*
*Kling, klang, kling, kling mein Glöckchen kling.*

*Plim, plam, plum, die Schüttel geht herum.*
*Schüttel laut und schüttel leise,*
*jeder tut's auf seine Weise.*
*Plim, plam, plum, die Schüttel geht herum.*

## Ich bin 'ne kleine Schnecke

*Alter: ab 2 Jahren*

Melodie und Text: mündlich überliefert

Ich bin 'ne klei - ne Schnek - ke und kei - ne Maus,
Ich rühr' mich nicht vom Flek - ke und kann nicht raus,

spa - zier hier nie - mals al - lein, es muß schon

ei - ner bei mir sein. Ri - chard,

Ri - chard, Ri - chard soll es sein. „Komm zu

mir in den Kreis her - ein." Komm, wir wol - len

Schnek - ke rol - len, Schnek - ke rol - len, wol - len wir.

*Ich bin 'ne kleine Schnecke*
*und keine Maus.*
*Ich rühr' mich nicht vom Flecke,*
*nicht ein noch aus.*
*Ich bin ja so allein,*
*es müsst' doch jemand*
*bei mir sein.*
*Der (Martin), der (Martin),*
*der (Martin) soll es sein,*
*er kommt zu mir in das*
*Schneckenhaus hinein.*

Ein Kind ist in der Kreismitte und ruft sich ein Kind in den Kreis hinein. Die Kinder in der Kreismitte wickeln sich zum Schneckenhaus ein. Sind alle Kinder im Schneckenhaus, so wickeln sie es wieder ab, indem sie gemeinsam singen: *„Komm, wir wollen Schnecke rollen, Schnecke rollen wollen wir".* Der Spielleiter fasst das letzte Kind im Schneckenhäuschen an, und alle anderen singen so lange das Lied, bis das ganze Häuschen abgewickelt ist und alle Kinder eine lange Schlange bilden.

## Im Garten steht ein Blümelein

*Alter: ab 1 Jahr*

Melodie und Text: mündlich überliefert

*Im Garten steht ein Blümelein,*
*Vergissmeinnicht, Vergissmeinnicht,*
*und wen ich hier am liebsten mag,*
*dem winke ich, dem winke ich.*
*Fiderallalala lalalala la,*
*fiderallalala la.*

Ein Kind steht in der Kreismitte, es winkt sich ein Kind hinein, und bei „fiderallalala" tanzen die zwei Kinder im Kreis, die anderen klatschen dazu.

### Die Bären

*Alter: ab 2 Jahren*

Melodie und Text: mündlich überliefert

*Die Bären gehn im Kreis herum,*
*den ganzen Tag im Kreis herum,*
*und wenn sie abends müde sind,*
*denn fall'n sie einfach um.*

Ein Kreisspiel, bei dem man zum Schluss hinfällt.

### Wir fahren Berliner Luftballon

*Alter: ab 2 Jahren*

Melodie und Text: mündlich überliefert

*Wir fahren, wir fahren Berliner Luftballon.*
*Auf einmal, auf einmal, da platzte der Ballon.*

Bei diesem Kreisspiel fällt man zum Schluss hin.

## Morgens früh um sechs

*Alter: ab 3 Jahren*
*Geförderte Kompetenzen: Gedächtnis; Unterscheiden verschiedenartiger*
*Klänge; Gefühl für Rhythmus und Harmonie; Konzentration und Reaktion;*
*Einprägen der Zahlen Sechs bis Zwölf; Gehör; Bewegen; Sprache*
*Material: Cymbel mit Klangstab; 2 Paar Klanghölzer; Tambourin; Kesselpfei-*
*fe (oder andere); Rassel; Topf; Muggelsteine (oder Erbsen/Linsen/Reis), Holz-*
*löffel; Glocke (oder Klingel/Wecker)*

*Morgens früh um sechs, kommt die kleine Hex'.*
*Morgens früh um sieben, schabt sie gelbe Rüben.*
*Morgens früh um acht, wird Kaffee gemacht.*
*Morgens früh um neun, geht sie in die Scheun'.*
*Morgens früh um zehn, holt sie Holz und Span',*
*feuert an bis elf, kocht dann bis um zwölf,*
*Fröschebein und Krebs und Fisch.*
*Hurtig Kinder kommt zu Tisch!*

Der Sprechreim ist besonders geeignet, durch den Einsatz verschiedener
einfacher Instrumente Klangerfahrungen zu vermitteln, indem die Kinder
ihn gemeinsam mit Ihnen vertonen. Hier ein Vorschlag für die Verteilung
der Instrumente auf die Textstellen:

Sechs Cymbelschläge: „*Morgens früh um sechs, kommt die kleine*
*Hex'.* "(Klanghölzer)

Sieben Cymbelschläge: „*Morgens früh um sieben, schabt sie gelbe Rüben.*"
(Waschbrett oder Tambourin)

Acht Cymbelschläge: „*Morgens früh um acht, wird Kaffee gemacht.*" (Pfeife,
Kesselpfeife)

Neun Cymbelschläge: „*Morgens früh um neun, geht sie in die Scheun'.*"
(Klanghölzer)

Zehn Cymbelschläge: *„Morgens früh um zehn, holt sie Holz und Span'."* (Rassel/Tambourin)

Elf Cymbelschläge: *„Feuert an bis elf,"* (alle pusten das „Feuer" an)

Zwölf Cymbelschläge: *„kocht dann bis um zwölf, Fröschebein und Krebs und Fisch."* (Topf mit Muggelsteinen und Holzlöffel)

Glöckchen: *„Hurtig Kinder, kommt zu Tisch!"*

Die Kinder lernen den Sprechreim gemeinsam, indem Sie ihn vorsprechen und die Kinder nachsprechen. Dann lassen Sie die verschiedenen Instrumente von den Kindern benennen und verteilen die Instrumente. Die Kinder erfahren, an welcher Stelle sie mit ihrem Instrument einsetzen müssen (z.B. „Morgens früh um sechs, kommt die kleine Hex'": Vorspiel: sechs Cymbelschläge. Dann wird der Text aufgesagt und die Klanghölzer, die das Kommen der Hexe andeuten, ertönen.)

## Ein Kater geht spazieren

*Alter: ab 2 Jahren*

Melodie und Text: mündlich überliefert

*Ein Kater geht spazieren,*
*er geht auf allen vieren,*
*er klettert übers Scheunendach,*
*er buckelt und er legt sich flach,*
*wir wollen's auch probieren.*

*Ein Kater streckt die Glieder,*
*springt auf und legt sich nieder,*
*er dreht sich um im Katzentanz*
*und schnuppert nach dem Mäuseschwanz,*
*so machen wir es wieder.*

## Grün sind alle meine Kleider

*Alter:* ab 2 Jahren
*Geförderte Kompetenzen:* Bewegen; Gehör; Farberkennung
*Material:* bunte Kleidungsstücke; Tücher; Hüte etc.

*Grün, grün, grün*
*sind alle meine Kleider,*
*grün, grün, grün*
*ist alles, was ich hab'!*
*Darum lieb ich alles, was so grün ist,*
*weil mein Schatz ein Jäger ist.*

*Blau, blau, blau ...*
*weil mein Schatz ein Matrose ist.*

*Weiß, weiß, weiß ...*
*weil mein Schatz ein Bäcker ist.*

*Schwarz, schwarz, schwarz ...*
*weil mein Schatz ein Schornsteinfeger ist.*

*Bunt, bunt, bunt ...*
*weil mein Schatz ein Maler ist.*

Es wird ein Kreis gebildet. In der Mitte steht das Kind, dessen Kleiderfarbe in der Strophe genannt wird. Kinder, die den Text erstmals hören, können die verschiedenen Berufe erraten („... weil mein Schatz ein ...") ist.

## Das Buch der Geräusche

**Alter:** *ab 3 Jahren*
**Geförderte Kompetenzen:** *Musikalität; Wahrnehmung; Motorik; Konzentration; Kreativität; Selbsterkenntnis*
**Material:** *Bilderbücher*

Schauen Sie mit den Kindern ein Bilderbuch an und machen zu allem, was im Buch zu sehen ist, die entsprechenden Geräusche, indem sie z. B. miauen wie eine Katze, krähen wie der Hahn, zwitschern wie die Vögel, bellen wie ein Hund oder blubbern wie der Motor des alten Treckers. Welches Kind möchte es auch einmal versuchen und selbst die Bilder in Geräusche, Sprache oder Musik umzusetzen?

## Zum Geburtstag viel Glück

**Alter:** *ab 2 Jahren*

Melodie und Text: mündlich überliefert

*Zum Geburtstag viel Glück,*
*zum Geburtstag viel Glück,*
*zum Geburtstag (lieber Timo),*
*zum Geburtstag viel Glück!*

## Hoch soll er leben

*Alter: ab 2 Jahren*

Melodie und Text: mündlich überliefert

Hoch soll er le - ben, hoch soll er le - ben, drei - mal hoch!

*Hoch soll er leben,*
*hoch soll er leben,*
*3-mal hoch!*
*Hoch! Hoch! Hoch!* (hierbei 3-mal vom Stuhl springen)

## Geburtstagslied

*Alter: ab 2 Jahren*

Text: mündlich überliefert

*Weil heute dein Geburtstag ist,*
*da haben wir gedacht:*
*Wir singen dir ein kleines Lied,*
*weil dir das Freude macht.*

*Und lädst du uns zum Feiern ein,*
*befolge unsern Rat:*
*besorge eine Torte schnell –*
*groß wie ein Autorad.*

Singen Sie nach beliebiger Melodie vor, die Kleinen summen mit …

## Tanz der Fantasiefiguren

*Alter: ab 3 Jahren*
*Geförderte Kompetenzen: Musikalität; Motorik; Kreativität; Selbsterfahrung*
*Material: CD-Player*

Schalten Sie den CD-Player an und fordern Sie die Kinder auf nach der Musik durch den Gruppen- bzw. Turnraum zu tanzen: sie schleichen wie Katzen, watscheln wie Pinguine, springen wie kleine Kängurus, flattern wie ein Schmetterling ... Welche Figuren passen am besten zu welcher Musik? Erfinden Sie gemeinsam neue Bewegungen und Tänze.

## Wie lacht uns die liebe Sonne

*Alter: ab 2 Jahren*

Melodie und Text: überliefert aus dem Schwedischen

*Wie lacht uns die liebe Sonne*
*vom Himmel herab, vom Himmel herab!*
*Wie lacht uns die liebe Sonne*
*vom Himmel herab, trallala.*

*Wie lachen die lieben Kinder,*
*mal groß und mal klein ...*

*Wie blühen die Blumen im Garten,*
*bald rot und bald blau ...*

*Der Kuckuck im grünen Walde,*
*lacht auch noch dazu ...*

*Lacht alles auf seine Weise*
*und freut sich dabei ...*

## Alle Leut', alle Leut' gehn jetzt nach Hause

*Alter: ab 2 Jahren*

Melodie und Text: überliefert

Al - le Leut', al - le Leut' gehn jetzt nach Haus. Wol - len nach
Hau - se gehn', näch - stes Mal wie - der - sehn. Al - le Leut', al - le Leut'
gehn jetzt nach Haus. Gros - se Leut', klei - ne Leut', dik - ke Leut',
dün - ne Leut'. Al - le Leut', al - le Leut' gehn jetzt nach Haus.

*Alle Leut', alle Leut' gehn jetzt nach Haus.*
*Wollen nach Hause gehn', nächstes Mal wiedersehn.* (klatschen)
*Alle Leut', alle Leut' gehn jetzt nach Haus.*

*Refrain:*
*Große Leut',* (Arme nach oben strecken)
*kleine Leut',* (Arme zum Boden hin strecken)
*dicke Leut',* (mit beiden Armen vor dem Bauch einen Kreis bilden, wobei sich
die Fingerspitzen treffen)
*dünne Leut'.* (Handflächen auf den Bauch legen)

*Alle Leut', alle Leut' gehn jetzt nach Haus.* (klatschen)
*Alle Leut', alle Leut' gehn jetzt nach Haus.* (klatschen)
*Gehn in ihr Kämmerlein* (mit den Händen ein Hausdach bilden)
*lassen fünf grade sein.* (5 Finger einer Hand zeigen)
*Alle Leut', alle Leut' gehn jetzt nach Haus.* (klatschen)

*Refrain: ...*

*Alle Leut', alle Leut' gehn jetzt nach Haus.* (klatschen)
*Sagen auf Wiedersehn, heut war es wieder schön.* (winken)
*Alle Leut', alle Leut' gehn jetzt nach Haus.* (winken)

*Refrain: ...*

## Schluss für heut'

*Alter: ab 2 Jahren*

Melodie und Text: mündlich überliefert

*Schluss für heut',*
*ade ihr lieben Leut',*
*wir wollen jetzt nach Hause gehn,*
*und sagen uns auf Wiedersehn.*
*Schluss für heut',*
*ade ihr lieben Leut.*

# Fantasie und Vorstellungskraft anregen – Kreativität fördern

Kinder haben reichlich Fantasie, wenn man ihnen ihre Freude an verrückten Ideen und Geschichten lässt. Sie sind oft kreativer als Erwachsene, weil sie noch nicht in vorgegebenen Bahnen denken. Sie haben ihre ganz eigene Weltsicht, die sich von unserer unterscheidet. Kleinkinder, deren Sichtweisen noch von einem magischen Denken bestimmt sind, bauen sich ihre eigene Welt im Kopf zusammen und zwar so, wie sie nach ihrer Sicht sein sollte. Sie sind neugierig und experimentierfreudig und tauchen gern spielend und malend in ihre Welt ab, die uns Erwachsenen inzwischen sehr fern ist. Je mehr wir schon dem Kleinkind Möglichkeiten bieten, seine Fantasie auszukosten, desto bereichernder ist es für seine Kreativität.

Im ersten Lebensjahr ist die Welt für das Kind genau das, was es sieht und erlebt. Mit etwa 18 Monaten fabrizieren Kleinkinder erste „Krikelkrakelbilder" und es macht ihnen einen Riesenspaß, mit Wachsmalkreiden oder Fingerfarben auf großen Papierbögen oder Tapetenbahnen zu malen.

Gestaltende und darstellende Spielangebote, für die wir gezielt Materialien mit hohem Aufforderungscharakter aussuchen, ermöglichen dem Kleinkind vielfältige Erfahrungen. Fantasie und Ausdrucksfähigkeit werden angeregt, Ideen und eigenschöpferisches Handeln freigesetzt. Bei diesen Spielangeboten geht es auch um das Erkennen, Interpretieren und Genießen des Geschaffenen. Für das Kind bedeutet eigenschöpferisches Gestalten, mit der Umwelt in lebendigen Kontakt zu treten. Zum einen, um Gedanken und Empfindungen sichtbar zu machen oder Unverstandenes auf eigenen Wegen zu ergründen, zum anderen, um mit den Ergebnissen seiner Tätigkeit die Anerkennung der Umwelt zu finden. Beim Spielen und Experimentieren mit bildnerischen Gestaltungsmitteln erlangen Kinder eine eigene Autonomie, zu der wir als Erwachsene oft nicht mehr in der Lage sind.

Gestaltungsspiele entwickeln sich in der Regel im dritten Lebensjahr. Die Kinder benutzen Materialien und Werkzeuge, um einen „Zielgegenstand" herzustellen. Darstellende Spiele beginnen bereits ab dem zweiten Lebensjahr, indem die Kinder Spielgegenstände und Spielsachen nach eigenen Ideen verfremden und neue Bedeutungen geben, die Tätigkeiten der Erwachsenen nachahmen und variieren. Sie strukturieren dabei ihr bisher entwickeltes Fühlen, Denken und Handeln um, gewinnen neue Fähigkeiten und Fertigkeiten. In der zweiten Hälfte des dritten Lebensjahres experimentieren Kinder mit ihren Spielsachen, probieren gerne neue Spiele aus und bringen andere mit lustigen Einfällen zum Lachen.

In der Krippe und qualifizierten Tagespflege bieten wir dem Kleinkind stets neue Anreize und einen Fundus kreativer Spielmöglichkeiten, aus dem es für sein weiteres Leben Schöpfen kann. Weitere Anregungen für kreatives Spielen und Gestalten bietet das Kapitel „Spiele im Jahresrhythmus".

## Die Sonne geht auf

*Alter: ab 2 Jahren*
*Geförderte Kompetenzen: Sinneswahrnehmung; Kreativität; Feinmotorik;*
*Denken; Sprache; Selbsterfahrung*
*Material: großer, fester Papierbogen; gelbe Fingerfarbe*

Geben Sie einen größeren Klecks gelbe Fingerfarbe auf einen großen Bogen festes Papier. Abwechselnd tunken Sie und ein Kind in die Farbe und malen rundum Strahlen an den gelben Fleck, bis er eine große, schöne und strahlende Sonne ist. Während des Malens erzählen Sie eine Sonnen-Geschichte.

## Schneckenbild

*Alter: ab 3 Jahren*
*Geförderte Kompetenzen: bildnerische Ausdrucksfähigkeit; Feinmotorik;*
*Umgang mit Materialien; Farberkennung; Selbsterfahrung*
*Material: Zeichenpapier; Fingerfarben; Borstenpinsel; Wachsstifte; Bleistift*

Zeichnen Sie den Körper der Schnecke und das Haus vor. Zwei verschiedene Farbtöne von Fingerfarbe sind auf einem Teller bereitgestellt, nun tupfen die Kinder mit dem Finger in eine der Farben und betupfen damit das Häuschen, anschließend reinigen sie ihre Finger, tupfen dann in die zweite Farbe und füllen mit der Farbe die Zwischenräume im Häuschen aus. Mit einer neuen Fingerfarbe und dem Borstenpinsel malen sie dann den Körper der Schnecke aus. Am nächsten Tag oder wenn das Bild getrocknet ist, malen sie mit einem Wachsstift Auge, Mund und Fühler. Dann nehmen sie den grünen Wachsstift und gestalten Strich für Strich die Wiese.

## Lustige Gesichter

*Alter: ab 3 Jahren*
*Geförderte Kompetenzen: Feinmotorik; Kreativität; Verbalisieren*
*Material: Zeichenpapier; Buntpapier; Klebestift; Wachsmalstifte und Schere*

Auf den Werbungen in den Zeitschriften sieht man die unterschiedlichsten Gesichtsausdrücke. Betrachten Sie mit den Kindern im Stuhlkreis die Gesichter und bestimmen die Ausdrücke: traurig, ernst, fröhlich, wütend usw. Anschließend wird ein großer Bogen Papier in die Mitte des Kreises gelegt, auf dem vier Kreise gezeichnet sind (Tellerumriss). Für jeden Kreis (Gesicht) werden zwei Augen, zwei Pupillen, eine Nase und ein Mund zugeschnitten. Jeder Mund hat eine andere Form. Nun legen Sie die Teile so, dass Sie vier unterschiedliche Gesichtsausdrücke erhalten. Anschließend erhält jedes Kind einen Bogen Papier, auf dem zwei Kreise gezeichnet sind, außerdem vier Augen, vier Pupillen, zwei verschiedene Münder, und legt die Teile so, dass zwei unterschiedliche Gesichter entstehen. Nun wird alles aufgeklebt, und mit Wachsmalstiften malen sie jedem Gesicht Nase, Haare, Wangen und Augenbrauen an.

## Mein Handabdruck

*Alter: ab 2 Jahren*
*Geförderte Kompetenzen: Feinmotorik; Selbsterfahrung*
*Material: pro Kind 1 Bastelunterlage; Wollfaden; Gebrauchskarton (Kreis 15 cm ⊘); ansonsten Wischtuch; dicker Pinsel; 10-Liter-Eimer mit lauwarmen Wasser; Handtücher; Lochzange; Fingerfarben*

Die Kinder malen ihre Handflächen mit den Fingerfarben an und drücken einen Handabdruck auf den Karton. Trocknen lassen und dann ein Loch in den Karton knipsen für den Aufhänger. Nicht vergessen, den Namen darauf zu schreiben!

## Malen mit Fingerfarben

*Alter: ab 2 Jahren*
*Geförderte Kompetenzen: Kennenlernen und Handhabung des Materials; Fantasie und Kreativität; Spiel- und Experimentierfreude; Farberkennung; Motorik; Geschicklichkeit*
*Material: Fingerfarben; ausreichend Fensterfläche*

Kinder malen leidenschaftlich gern. Dabei gehen sie wesentlich intuitiver vor als Erwachsene. Die umgebundene Schürze oder der Kittel unterstreichen die Möglichkeit, frei mit dem Material Farbe umgehen zu können. Von der Ihnen vorgetragene Geschichten können gespielt und gemalt werden. Bei den ersten Malversuchen sollten die Kinder noch entsprechende Orientierungshilfen erhalten (z. B. Bildvorlagen, Bilderbüchern). Diese dienen jedoch nur als Impulse und sollten nach kurzem Zeigen weggelegt werden, um eine Reproduktion der Vorlage zu vermeiden und eine eigenständige Gestaltung zu fördern. Die Kinder bemalen mit Fingerfarben die Fenster ihres Gruppenraums oder des Vorraums. Die farbigen Fenster sehen besonders reizvoll aus, wenn die Sonne durchscheint und die Fingerfarben ihre volle Leuchtkraft entfalten können. Dieses Spiel- und Malvorhaben eignet sich besonders für die Vorbereitung von Kinderfesten während des ganzen Jahres, zum Fasching und zum Tag der offenen Tür.

## Kleine Baumeister

*Alter: ab 2 Jahren*
*Geförderte Kompetenzen: körperhaftes Bauen mit vorgefundenen Bauelementen; Erkunden und Unterscheiden der Materialien; Fingerfertigkeit (Feinmotorik); Experimentieren; Fantasie; Zuordnen*

Schütten Sie mehrere „Baumaterialien" auf einen Haufen (größere Holzstücke, Bausteine und Bauwürfel, Garnrollen, Kästchen, Schachteln und Dosen, Ästchen, Stifte und Steine). Allein oder in kleinen Gruppen entsteht so eine richtige Baulandschaft.

## Turmbauten

*Alter: ab 2 Jahren*
*Geförderte Kompetenzen: Denken; Sinneswahrnehmung; Motorik; Konzentration; Geschicklichkeit; Selbsterkenntnis*
*Material: viele Kissen und Kartons*

Zum Stapeln und Turmbau eignet sich nahezu jedes Material. Für die jüngsten Baumeister empfehlen sich Kissen und leichte Kartons, von denen Sie möglichst viele besorgen können. Aus Kissen lässt sich ein besonders weicher Turm bauen, auf dem man sich zum Schluss zum Ausruhen legen kann. Überlegen Sie gemeinsam mit den Kindern, wie und womit man anfängt und wie das Fundament des tollen Turms aussehen sollte. Wer schafft es, mehr als fünf Kissen bzw. Kartons zu stapeln? Die älteren Kinder können versuchen, einen möglichst hohen Turm aus Bauklötzen zu bauen, wobei auch hier das Fundament stimmen muss, damit nicht alles umfällt.

## Kneten, Formen, Modellieren

*Alter: ab 2 Jahren*
*Geförderte Kompetenzen: manuelle Geschicklichkeit; Spiel- und Experimentierfreude; bildnerischer Ausdruck; Motorik; Fantasie; Wahrnehmung; Wissenserweiterung*
*Material: Erde; Wasser; Ton oder Knetgummi; Knetwachs; Plastilin; Ton*

Schon kleine Kinder hantieren gern mit Materialien, die sie verändern können: Sand, Lehm, Schnee, Ton, Knetgummi. Das Reizvolle ist der direkte Kontakt der Hände mit dem Material. Die Kinder stellen zuerst einfache Grundformen her: Kugeln, lange Würste, Bananen, Brote, Gurken u.ä. Das Kind kann dabei seinen Vorstellungen freien Lauf lassen. Zwei wesentliche Knettechniken werden unterschieden: Entweder wird die Form aus einem Klumpen herausgedrückt und gezogen oder die Einzelteile (Kopf, Rumpf, Beine usw.) werden gesondert geformt und dann zu einem Ganzen zusammengefügt. Plastilin ist ein besonders formbares Knetmaterial. Die Farben sind giftfrei. Zu Beginn des Knetens und nach längerem Nichtgebrauch ist das Material etwas hart. Der Erwachsene hilft dann beim Weichkneten. Gemeinschaftsspiel: Wir kneten einen Zoo (Tiere, Zäune, Gehege, Häuser, Brücken).

## Raupen und Schmetterlinge

*Alter: ab 3 Jahren*
*Geförderte Kompetenzen: Fantasie; Kreativität; Feinmotorik; Materialerfahrung; Sozialverhalten; Sprache; Reflexion; Verbalisierung*

Aus unterschiedlichen Materialien können Sie kleine Raupen und Schmetterlinge mit den Kindern herstellen ...

### Raupe aus Eierkarton

*Material: 1 Rippe Eierkarton mit 5 Abteilungen; Fingerfarben; Borstenpinsel oder Farbstifte; Pfeifenputzerdraht*

Die Kinder malen die Rippe des Eierkartons mit Fingerfarben oder mit Farbstiften bunt an. Ziehen Sie am Kopf Fühler aus Pfeifenputzerdraht durch. Fertig ist das Raupentier!

## Schmetterling aus Eierkarton

**Material:** *2 Rippen eines Eierkartons; Fingerfarben oder Buntstifte; Borstenpinsel; Pfeifenputzerdraht; Schere*

Die Kinder bemalen die zwei Rippen des Eierkartons und befestigen in der Mitte den Pfeifenputzerdraht als Fühler.

## Die dicke Raupe – Nimmersatt

Text: Magrit Evers

*Die dicke Raupe – Nimmersatt,*
*am Montag frisst sie Blattsalat,*
*am Dienstag nimmt sie nur Spinat,*
*am Mittwoch sie auf Erdbeeren steht,*
*am Donnerstag sie zu Knospen geht,*
*am Freitag nascht sie noch ein Blatt,*
*am Samstag ist sie endlich satt.*
*Am Sonntag geht sie in ihr Haus,*
*sie schläft sich tüchtig aus*
*und kommt als Schmetterling heraus.*

Mit Daumen, Zeigefinger, Mittelfinger, Ringfinger, kleiner Finger, kleiner Finger, Gähnen, Faust, Schnarchen, Flugbewegungen mit den Händen, passend zum Text mitmachen.

> **Tipp:** *Dieses Spiel können Sie auch optisch mit der gebastelten Raupe und dem Schmetterling aus Eierkarton darstellen. Den Schmetterling verstecken Sie unter einem Tuch, die Raupe lassen Sie an den Kindern (Hände, Arme, Beine usw.) knabbern und sprechen dabei den Vers.*

## Raupe aus Kreisen

**Material:** *Zeichenpapier; farbiges Buntpapier; Wachsstifte; Kleber*

Schneiden Sie fünf bis sechs verschiedenfarbige Kreise zu, diese werden so auf das Zeichenpapier geklebt, dass sie sich etwas überschneiden. Dann malen die Kinder mit den Wachsstiften das Gesicht, die Fühler und die Füße und mit einem grünen Wachsstift Strich für Strich das Gras.

## Zeltlandschaft

*Alter: ab 2 Jahren*
*Geförderte Kompetenzen: Fantasie; Kreativität; Wahrnehmung; Motorik; Sozialverhalten; Spielfreude*
*Material: Tücher; Decken; Schirme; Kissen*

Heute spielen wir im Gruppenraum Sommer, egal ob die Sonne scheint und gleich, ob Herbst oder Winter die Jahreszeit bestimmen. Drinnen ist es warm und aus Decken, Tüchern, Kissen und Schirmen bauen die Kinder zusammen mit der Erzieherin eine sommerliche Zeltlandschaft, in der man wunderschön spielen kann.

## Schnecke aus Knete

*Alter: ab 2 Jahren*
*Geförderte Kompetenzen: Feinmotorik; Kreativität*
*Material: Knete oder Modeliermasse; 1 leeres Schneckenhäuschen*

Rollen Sie mit den Kindern aus Knete eine lange Schlange und wickeln diese zur Schnecke auf, das vordere Ende ist der Kopf, an den sie kleine Fühler setzen. Die ganz Kleinen formen nur den Körper und setzen ein leeres Schneckenhäuschen darauf. Vielleicht können sie der Schnecke noch Fühler geben?

## Flugzeug aus Wäscheklammern

*Alter: ab 3 Jahren*
*Geförderte Kompetenzen: Geschicklichkeit; Fantasie*
*Material: Wäscheklammern aus Holz; farbiges Papier und Kleber*

Zwischen zwei Wäscheklammer-Hälften der glatten Seite werden ein ca. 7 cm und ein ca. 4 cm großes rechteckiges Stück farbiges Papier geklebt. Das Papier kann vorher noch angemalt oder beklebt werden.

## Viele bunte Luftballons

*Alter: ab 2 Jahren*
*Geförderte Kompetenzen: Motorik; Kreativität; Geschicklichkeit*
*Material: Zeichenpapier; mehrere Fingerfarben; für jede Farbe 1 Korken; Teller für die Farben; Pinsel*

Füllen Sie die verschiedenen Fingerfarben auf die Teller. Die Kinder tauchen einen Korken in die Farbe und drucken ihn auf dem Zeichenpapier ab, wenn das Bild vollbedruckt ist, malen sie mit dem Pinsel das Band an die Korkdrucke. Die kleineren Kinder drucken mit dem Korken nur die Luftballone. Helfen Sie entsprechend.

## Kleiner Schmetterling

*Alter: ab 3 Jahren*
*Geförderte Kompetenzen: Motorik; Fantasie*
*Material: Wäscheklammern aus Holz; farbiges Papier; Buntstifte; Kleber*

Benutzen Sie die Abpausvorlage und schneiden Sie mit den Kindern aus farbigem Papier einen Schmetterling zu. Er kann dann mit bunten Papierschnipseln beklebt werden oder mit einem Muster bemalt werden. Helfen Sie den Kindern, ihn zwischen die zwei glatten Hälften einer Wäscheklammer zu kleben. So hat jedes Kind seinen eigenen Schmetterling!

**Abpausvorlage:**

## Laufigel

*Alter: ab 3 Jahren*
*Geförderte Kompetenzen: Feinmotorik; Spielfreude*
*Material: feste Pappe; 1 Zahnrad aus Pappe; 1 Musterklammer (Versandta-schenklammer); Farbstifte*

**Abpausvorlage:**

Die Kinder pausen mit Ihrer Hilfe den Igel ab, übertragen ihn auf feste Pappe und schneiden ihn aus. Sie können ihn nach Belieben anmalen. Nun schneiden sie ebenso das Zahnrad aus fester Pappe aus und befestigen es am Igel mit der Musterklammer.

## Pantoffeltheater

*Alter: ab 3 Jahren*
*Geförderte Kompetenzen: Kreativität; Wahrnehmung; Motorik;*
*Sozialverhalten*
*Material: 2 Pantoffeln oder Socken*

Mit Knöpfen, Perlen oder Klebepunkte können Sie jedem Hausschuh noch ein paar Augen verpassen und schon geht das Pantoffeltheater los: Zwei urige Burschen unterhalten sich und hecken allerlei Blödsinn aus. Noch beweglicher wird es, wenn Sie sich zunächst zwei verschiedene Socken über die Hände ziehen, ein wenig vorspielen und dann zusammen mit einem anderen Kind spielen. Lenken Sie zunächst das Gespräch, dann wird sich das Gespräch der Socken wie von selbst verselbständigen.

## Fernsehkiste

*Alter: ab 3 Jahren*
*Geförderte Kompetenzen: Sprache; Denken; freies und ungezwungenes Darstellen; Kreativität; Beobachten; Bewegen*
*Material: 1 große Pappkiste; eventuell Farben und Verkleidungsutensilien*

Der mediale Einfluss durch digitale Bilder im Fernsehen oder auf dem PC, ist mittlerweile zu einem festen Bestandteil unseres täglichen Lebens geworden. Aus Untersuchungen wissen wir, dass Kinder vom dritten Lebensjahr an nicht nur für sie geeignete Sendungen ansehen, sondern auch Fernsehsendungen für Erwachsene. Wie verarbeiten die Kinder ihre TV-Erlebnisse? Machen Sie eine große Pappkiste zur „Fernsehkiste" und überlassen den Kindern im freien Spiel ihr eigenes Programm zu entwickeln. Sie können singen, spielen, malen, herumalbern, reden, sich mitteilen und so Gesehenes nachspielen.

## Verzaubern

*Alter: ab 2 Jahren*
*Geförderte Kompetenzen: Motorik; Geschicklichkeit; Nachahmung*
*Material: 1 Zauberstab (bunt bemalter bzw. beklebter Stock oder Kochlöffel)*

Sie sind als erste der Zauberer. Halten den Zauberstab und verzaubern ihre kleinen Mitspieler. Wenn sie verzaubert sind, müssen sie alles nachmachen: auf allen vieren herumkrabbeln, rückwärts laufen, mit beiden Beinen hüpfen, auf einem Bein oder als Elefant trotten, wie ein Vogel herumfliegen, eine Lokomotive sein, eine Katze, ein Hund ... Lässt der Zauberer seinen Zauberstab fallen, sind alle Kinder „entzaubert" und müssen ganz schnell in eine zuvor festgelegte Ecke im Raum flüchten. Der Zauberer versucht das langsamste Kind zu fangen. Wer erwischt wird, ist in der nächsten Runde der Zauberer. Achten Sie darauf, dass jedes Kind einmal an die Reihe kommt.

## Handpuppenspiel

*Alter: ab 3 Jahren*
*Geförderte Kompetenzen: Sprachentwicklung; Problemlösen; Fantasie und Kreativität; Darstellen; Sprache; Verbalisierung; Merkfähigkeit; Wissen*
*Material: Kasperlepuppen; selbst hergestellte Puppen (z. B. aus Kochlöffeln, Wellpappe, Schachteln oder Holzkugeln); eventuell ein Vorhang oder ein umgekippter Tisch als Bühne*

Das Handpuppenspiel wird vom Kleinkind ganzheitlich wahrgenommen und entsprechend emotional verarbeitet. Ähnlich wie im Märchen symbolisieren die einzelnen Figuren das Gute und das Böse. Die Kinder identifizieren sich mit den Darstellern. Die unterschiedlichen Handpuppen, von traditionellen Kasperle-Puppen bis zum modernen Klappmaul-Puppen, gibt es im Fach- und Online-Handel. Je nach Ausstattung kosten sie zwischen fünf und fünfzig Euro. Zum Handpuppenspiel gehören Figuren aus ihrer Umwelt, z. B. Vater, Mutter, Bäcker, Kaufmann, Arzt, Polizist, Hund, Katze usw. Der Inhalt der Geschichten schildert Szenen des täglichen Lebens. Eine kleine spielerische Herausforderung und Spaß zugleich für Sie und ihre kleinen Zuschauer.

*Tipps: Mit einfachen Mitteln können Handpuppen hergestellt werden, z. B. aus Holzkugeln, Schachteln, Kochlöffeln usw. Sie können sie als Hilfe zur Kontaktaufnahme einsetzen und mit der Puppe in ein Wechselgespräch mit den Kindern treten.*

Die Kleinsten können nur die Handlung einer einzigen Puppe verfolgen. Durch das Spielen in Szenen aus dem Alltag (Mama kauft ein, wäscht ab, räumt auf usw.) erfasst das Kind die einzelnen Handlungsabläufe, beteiligt sich am Gespräch und nimmt handelnd teil (z. B. durch reichen eines Gegenstandes). Zusätzlich zur agierenden Puppe in der Hand des Erwachsenen werden Hilfsmittel benötigt, z. B. Schlüsselbund, verschiedene Haushaltsgegenstände, Kugelschreiber usw. Später können kurze Handlungen mit einzelnen Höhepunkten gespielt werden. Die Spielzeit kann dabei zwischen 10 und 30 Minuten liegen. Sie sollte nicht überzogen werden. Spannungslose Monologe sollten ebenso vermieden werden wie Brutalitäten, Aufforderungen zur Unwahrheit und eine moralisierende „Zeigefingerpädagogik".

## Handpuppen-Königspaar

*Alter: ab 3 Jahren*
*Geförderte Kompetenzen: Kreativität; Handmotorik; Sprache*
*Material: dicke Filzstifte*

Verwandeln Sie durch Bemalen ihre linke Hand in eine Königin. Im Profil gesehen wird aus der Hand das Gesicht der Königin, d.h. vier ausgestreckte Finger ergeben die Zacken der Krone und der Daumen die Nase. Auge und Mund werden angezeichnet. Dann wird die rechte Hand von einem Kind in den König verwandelt. Nachdem mehrere ihre Hände gegenseitig in Königspaare verwandelt haben, spielen sie Theater. Plaudern miteinander, albern herum, erzählen sich vielleicht sogar Geschichten ... Ein Spiel, bei dem die Fantasie gefordert und gefördert wird.

## Behälter-Spiele

*Alter: ab 2 Jahren*
*Geförderte Kompetenzen: kreatives Umgehen mit allen Arten von Behältern; Materialerfahrung; Motorik; Selbsterkenntnis; Wissenserweiterung*
*Material: Schüsseln; Schachteln; Dosen; Kartons in allen Größen*

Kleinkinder lieben alle Arten von Behältern, in die etwas hineinpasst oder in denen sie sogar selber Platz haben. Große wie kleine Schüsseln, Schachteln, Dosen und Kartons bieten vielfache Spielmöglichkeiten, die auch unabhängig vom Erwachsenen benutzt werden können. Sie können die Aktivitäten natürlich unterstützen, indem Sie das Behälterrepertoire für die Kinder erweitern. Die Kinder lernen dabei z. B., dass sich geflochtene Weidenkörbe anders anfühlen als Kartons oder Metalltöpfe. Und sie geben andere Geräusche, wenn man sie aneinander schlägt. Von knisternd, über dumpf, laut und leise kann man die unterschiedlichsten Geräusche machen. Es gibt Behälter, in die man hineinpusten und hineinrufen kann, wie in eine Plastikkanne oder eine leere Mineralwasserflasche. Trockene Nudeln rascheln in einem Schuhkarton anders als in einem Topf oder einer dickwandigen Glasschale. Man kann Dosen und Kartons zu einem Turm stapeln, in ihnen Dinge verstecken, eine Kartonstadt bauen ... Und ganz große Waschmaschinen- oder Kühlschrankkartons sind wunderschöne Verstecke, Spielhäuser oder Anlässe für Rollenspiele.

# Spiele im Jahresrhythmus – Rituale, Zeitgefühl, Glück und Geborgenheit

Spiele, Lieder, Reime, Bilderbücher, Geschichten, Malen und Gestalten im Jahreslauf helfen dem Kind ein Zeitgefühl für den Jahresrhythmus zu entwickeln. Wie beim Tagesablauf, wird auch das Jahr durch Rituale gestaltet. Sie haben mit Wiedererkennung zu tun, indem es Tag für Tag, aber auch wöchentlich und in Monatsabständen zu Handlungen kommt, die sich immer in gleicher Weise wiederholen. Geburtstage der Kinder, kleine und große Feiern und Feste wie zu Ostern und Weihnachten, aber auch das bewusste Erleben der Natur in den vier Jahreszeiten lassen Erwartungshaltung und Vorfreude entstehen und bieten Spaß und Vertrautheit. Kontinuierlich wiederkehrende Rituale bedeuten für Kinder Verlässlichkeit und Geborgenheit und stellen somit eine Konstante in ihrem Leben dar. Spiele, Lieder, Feste und Bräuche im Jahreslauf bringen Abwechslung und Farbe in den Alltag, teilen das Jahr in übersichtliche Abschnitte, regeln Tages- und

Wochenabläufe und verleihen dem Leben einen Rhythmus bis hin zu Glücksmomenten, die bestimmte Anlässe immer wieder auslösen können.

In einer sich schnell ändernden Welt sind gerade wiederholende Tages-, Wochen- und Monatsabläufe für eine gesunde seelische, geistige und körperliche Entwicklung des Kindes von großer Bedeutung. Kinder lieben den Wechsel der Jahreszeiten und leben, je nach einfühlsamer Unterstützung durch uns Erwachsene, die Veränderungen in der Natur ein Stück weit bewusst mit. Jahreszeiten haben mit Wetter zu tun, mit Tieren und Pflanzen, mit der Veränderung der Landschaft und dem Wechseln der Kleidung. Von Frühlingsblumen im Garten, Schnecken, Käfern, Raupen und Ameisen, die es zu entdecken gilt, über sommerliche Spiele bei Sonne und Regen, herbstlichen Spielen mit Blättern, Kastanien und Wind, bis zum Herumtollen im Schnee, erlebt das Kind den Wechsel. Im Herbst und im Winter wird alles etwas ruhiger und das Interesse der Kinder an gemütlichen Spielrunden, am Malen, Basteln und Geschichtenhören wächst wieder. Aber auch im Freien können schon die Kleinsten auf dem Arm der Mutter oder der Erzieherin die ersten Schneeflocken bestaunen und auf ihrer Hand zum Schmelzen bringen. Lieder, Bilderbücher, Geschichten und Mal- und Bastelarbeiten zu den Jahreszeiten passend, entwickeln in Kleinkindern ein Zeitgefühl für den Jahresrhythmus, die Umwelt wird überschaubarer. Sie erleben die Natur bewusster, und wir vertiefen mit unseren Angeboten ihre Empfindungen für die Umgebung.

Alle in diesem Buch aufgeführten Spiel- und Gestaltungsangebote lassen sich in den Tagesablauf des Krippen-Jahres einbringen, sodass auch immer mehrere Sinne und Bedürfnisse zugleich angesprochen und unterschiedliche Fähigkeiten und Fertigkeiten der Kinder gefördert werden.

## *Frühling*

Im Frühling wird es endlich wieder bunt! Die Natur erwacht zum Leben und Kinder können gerade in dieser Jahreszeit viele aufregende Entdeckungen machen, die zum Spielen und Gestalten einladen ...

## Eier aus Pappe

*Alter:* ab 2 Jahren
*Geförderte Kompetenzen:* Feinmotorik; Konzentration
*Material:* Kartonpapier; Schere; Bleistift; Farbstifte; Fingerfarbe oder Tuschkasten; Pinsel

Malen Sie mit den Kindern auf Kartonpapier zwei gleich große Eier auf, schneiden sie aus und malen oder tuschen sie von beiden Seiten an. Nach dem Trocknen der Farbe schneiden sie ein Ei von oben bis zur Mitte ein, das andere Ei von unten bis zur Mitte und schieben die beiden Eier ineinander. So haben sie ein plastisches Ei für den Osterstrauß.

*Tipp: Bei vielen kleinen Kindern ist das Bemalen von Pappeiern beliebter als das Bemalen von Hühnereiern, weil die Pappe griffiger ist und das Ei nicht so leicht kaputt geht.*

## Vogel im Nest

*Alter:* ab 2 Jahren
*Geförderte Kompetenzen:* Feinmotorik; Geschicklichkeit; Konzentration
*Material:* DIN-A4-Zeichenpapier; Wachsmalstifte; Kleber

Mit verschiedenfarbigen Wachsmalstiften beginnen die Kinder auf Papier von der Mitte aus Kreise zu malen, sie können sich auch überschneiden. Dabei singen Sie mit den Kindern:

*Und rund herum*
*und rund herum*
*und rund herum herum.*

oder: *„Kommt ein Vogel geflogen ...“*

Das ist eine schöne Schwungübung für die Kleinen, es lockert ihr Handgelenk. Ist das Nest groß genug, malen sie einen vorgezeichneten Vogel an, schneiden ihn aus und kleben ihn in das Nest.

## Eierwerfen

*Alter: ab 3 Jahren*
*Geförderte Kompetenzen: Motorik; Geschicklichkeit; Spielspaß*
*Material: Tischtennisbälle; Eierkartons bzw. Eierpappen*

Natürlich wird bei diesem österlichen Spiel nicht mit echten Eiern geworfen sondern mit Tennisbällen. Aus einer Entfernung von etwa zwei Metern müssen die Kinder den Ball, in einen leeren Eierkarton werfen. Die Karten können nummeriert oder farblich markiert werden. Der beste „Eierwerfer" erhält die meisten Punkte und vielleicht sogar ein echtes Schokoei?

## Osterhäschen

*Alter: ab 1 Jahr*

Melodie und Text: mündlich überliefert

Ost - er - häs - chen, Schnup-per - näs - chen, leg uns was

in das Gras, vie - le Ost - er - ei - er.

*Osterhäschen, Schnuppernäschen,*
*leg uns was in das Gras,*
*viele Ostereier.*

*Osterhäschen, Schnuppernäschen,*
*du allein machst so fein,*
*bunte Ostereier.*

*Osterhäschen, Schnuppernäschen,*
*alle Leut' haben Freud'*
*an der Osterfeier.*

## In meinem Garten

*Alter: ab 1 Jahr*

Melodie: „Am Weihnachtsbaume ..."; Text: mündlich überliefert

*In meinem Garten, da sitzt ein Amselchen,*
*der schwarze Peter, der singt so schön.*
*Singt immer tirilirilit, und ich sing leise mit,*
*singt immer tirilirilit, und ich singe mit.*
*Er singt vom Frühling, von bunten Blumen,*
*vom grünen Rasen, vom Sonnenschein.*
*Singt immer ...*

 **Tipp:** *Daumen und Zeigefinger bilden einen Schnabel. Bei „tirilirilit"*
*wird er auf- und zubewegt.*

## Die Jahreszeiten

*Alter: ab 3 Jahren*
*Material: farbige Nylontücher*

Melodie und Text: überliefert aus Baden

Das Lied eignet sich hervorragend als Spiellied für mehrere Kinder. Ein Kind
spielt die Mutter und sitzt in der Mitte des Kreises. Rundherum stehen die
vier Jahreszeiten verkörpernden Kinder. Je nach Jahreszeit halten sie farbige Nylontücher in der Hand: für den bunten Frühling gelbe, orangene oder
rote Tücher (Blumen), für den Sommer grüne (Gras, Klee), für den Herbst
blaue und braune (Wein, Blätter) und für den Winter weiße Tücher (Schnee).
Die Mutter deutet auf eine Jahreszeit, und die Kinder bewegen sich entsprechend mit den Tüchern, während das Lied gesungen wird.

## Lieber, guter Osterhas'

*Alter: ab 1 Jahr*

Melodie und Text: mündlich überliefert

Lie - ber, gu - ter Ost - er - has,' leg uns Ei - er

in das Gras. Ro - te, grü - ne, gel - be Ei - er,

für die schö - ne Ost - er - fei - er. Lie - ber, gu - ter

Ost - er - has', leg uns Ei - er in das Gras.

*Lieber, guter Osterhas', leg uns Eier in das Gras.*
*Rote, grüne, gelbe Eier für die schöne Osterfeier.*
*Lieber, guter Osterhas', leg uns Eier in das Gras.*

*Lieber, guter Osterhas', bring den braven Kindern was.*
*Hinter Erlen, hinter Buchen wollen wir die Eier suchen.*
*Lieber, guter Osterhas', bring den braven Kindern was.*

## Eier anmalen

*Alter: ab 3 Jahren*
*Geförderte Kompetenzen: Feinmotorik; Geschicklichkeit; Kreativität*
*Material: dünne Stricknadel; Korken; Fingerfarbe; Pinsel; 1 ausgepustetes Ei*

Sie stecken einen Korken an ein Ende der Stricknadel und ziehen die Nadel durch die beiden Löcher des Eies, bis es auf den Korken fällt. Nun können sie am Korken anfassen, das Ei mit Fingerfarbe anmalen, ohne dabei die Hände schmutzig zu machen.

## Ach, du liebes Osterei

*Alter: ab 2 Jahren*
*Gefördete Kompetenzen: Feinmotorik; Materialerfahrung; Kreativität*
*Material: je Kind 1 Bastelunterlage; Kleber; weißer Fotokarton (10 × 15); Mal-*
*stifte; Wollfaden (ca. 30 cm); Bastelschere*

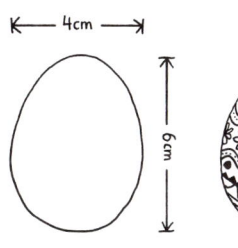

Zeichnen Sie auf dem Fotokarton zwei gleich große Eier auf und schneiden sie aus. Größere Kinder können es schon einmal selbst versuchen. In der Gestaltungsphase malen die Kinder die beiden Eier nach Lust und laune an. Danach werden sie zusammengeklebt, und dazwischen kommt als Aufhänger der Wollfaden.

## Steigt ein Bübchen

*Alter: ab 1 Jahr*

Melodie und Text: traditionell

Die linke Hand wird mit gespreizten Fingern hochgehoben (Baum), die rechte Hand klettert am Baum empor. Bei „*hüpft von Ast …*" tippt die rechte Hand die Fingerspitzen der linken Hand an, dann formt sich die linke Hand zu einem Nest und die rechte Hand fällt herunter – die linke bleibt oben.

## Guten Morgen

*Alter: ab 1 Jahr*

Melodie und Text: mündlich überliefert

Alle: *Guten Morgen, (Susan), was machst du in deinem Garten?*

Einzeln: *Ich (harke) wie ihr seht, dann braucht man nicht lang zu warten.*

Alle: *Wenn die Sonne lacht und der Frühling naht, ist die Arbeit getan.*

Sitzen Sie mit den Kindern im Kreis und unterhalten Sie sich über die Gartenarbeiten im Frühling. Stellen Sie verschiedene Gartengeräte vor und besprechen, was man damit machen kann. (Es kann auch Sandspielzeug sein.) Z. B. Schaufel, Spaten, Eimer, Gießkanne usw. Ein Kind geht in die Kreismitte, sucht sich ein Gerät aus und stellt beim Einzelgesang die Arbeit dar. Wenn die Kinder noch nicht richtig sprechen können, singen alle den Einzelgesang mit.

## Marienkäfer auf einem Blatt

*Alter: ab 3 Jahren*
*Geförderte Kompetenzen: Feinmotorik; manuelle Geschicklichkeit; Freude*
*am Gestalten*
*Material: grünes, rotes und schwarzes Tonpapier; schwarzer Farbstift, Kleber; Schere*

Aus dem grünen Tonpapier schneiden die Kinder ein Blatt zu. Helfen Sie den Kleinsten dabei. Dann schneiden sie zwei gleich große Kreise aus dem schwarzen und roten Papier und einen kleineren als Kopf aus dem schwarzen zu. Die Fühler schneiden sie aus den Reststücken zu. Den roten Kreis halbieren sie und kleben ihn als Flügel auf den großen schwarzen. Nun kleben sie die Fühler an und setzen den Kopf oben an den Körper. Zum Schluss versehen sie ihren Käfer mit schwarzen Punkten und kleben ihn auf das Blatt.

## Muttertagsgrüße

*Alter: ab 3 Jahren*
*Geförderte Kompetenzen: feinmotorische Geschicklichkeit; Kreativität*
*Material: 1 einfache Briefkarte von 21 cm Seitenlänge; Schere; Farbstifte und Bleistift*

Markieren Sie mit den Kindern auf der Karte die Mitte mit einem Bleistift und zeichnen in die Mitte der Karte eine Blume hinein, sodass die unteren Blütenblätter auf die Mittellinie stoßen. Die Blüte schneiden sie aus, aber nicht an der Mittellinie, denn sonst knickt sie beim Falten nach hinten weg. Jetzt falten sie die Karte zur Mitte, dass die Blüte nicht geknickt wird, und malen die Blume an. Schreiben Sie einen kleinen Gruß darauf und senden oder überreichen sie den Müttern zum Muttertag.

Beim Überreichen eines Blumenbildes können die Kinder einen kleinen Vers sprechen, wie z. B.:

*Diese Blume will Dir sagen:*
*Ich wünsch Dir Glück*
*an allen Tagen!*

## Marienkäfer als Kartengruß

*Alter: ab 3 Jahren*
*Geförderte Kompetenzen: Feinmotorik; Kreativität; Materialerfahrung;*
*Sozialverhalten*
*Material: 1 doppelte Briefkarte; rote Fingerfarbe auf einem Teller schwarzer*
*Filzstift; Korken*

Tupfen Sie mit den Kindern den Korken in die rote Farbe und drucken ihn auf die Karte. Nach jedem Druck tupfen sie den Korken erneut in die Farbe, somit erhalten sie kräftige Abdrucke. Nach dem Trocknen der Farbe malen sie mit einem schwarzen Filzstift Punkte, Beine, Kopf und Fühler an jeden Abdruck. So entsteht eine schöne Karte für die Eltern.

## An den Mai

*Alter: ab 2 Jahren*
*Geförderte Kompetenzen: Sprech- und Spielfreude*

Text: volkstümlich

*Komm, lieber Mai, und mache*
*die Bäume wieder grün,*
*und lass uns an dem Bache*
*die kleinen Veilchen blühn!*
*Wie möchten wir so gerne*
*ein Blümchen wieder sehn,*
*ach, lieber Mai, wie gerne*
*einmal Spazierengehen.*

Sagen Sie den Vers mit den Kindern gemeinsam auf. Sie können ihn auch musikalisch umsetzen und singen oder vielleicht in ein kleines Rollenspiel verwandeln.

## Das Jahr im Schnelldurchlauf

*Alter: ab 2 Jahren*
*Geförderte Kompetenzen: Kennenlernen der Monatsnamen; Spielfreude;*
*Kreativität*

Text: volkstümlich

*Januar, Februar, März, April,*
*hock im Zimmer, wer da will.*
*Mai, Juni, Juli, August,*
*draußen gibt es Freud und Lust.*
*September, Oktober,*
*es schüttelt der Wind*
*die reifen Äpfel für das Kind.*
*November, Dezember,*
*ganz still und fein,*
*bald wird's wieder Weihnacht sein.*

Sprechen Sie den Text mit den Kindern zusammen. Überlegen Sie gemeinsam, wie sie ihn darstellen können. Die Kinder verinnerlichen dadurch die Wortbedeutungen leichter.

## Pusteblumenhubschrauber

*Alter: ab 2 Jahren*
*Geförderte Kompetenzen: Mundmotorik; Spaß; Lebensfreude*

Pflücken Sie mit den Kindern aufgeblühte Löwenzahn-Blüten (Pusteblumen). Jedes Kind pflückt sich eine Pusteblume und pustet die Samen so weit wie möglich weg. Den Flug der Samen verfolgen sie. Wer möchte, kann sich (mit Ihrer Hilfe) ein Fähnchen dorthin stecken, wo ein Pusteblumenhubschrauber gelandet ist. Wessen Hubschrauber ist besonders weit geflogen? Auf jeden Fall ein Pustespaß für alle!

## Pusteblume

*Alter: ab 2 Jahren*
*Geförderte Kompetenzen: Zuhören; Sprechen; Artikulation; Konzentration;*
*Merkfähigkeit*

Text: überliefert

*Pusteblume, Löwenzahn,*
*zünde deine Lichter an.*
*Tausend Samen fliegen fort,*
*blühen bald an jedem Ort.*
*Nächstes Jahr fängt's wieder an –*
*Pusteblume, Löwenzahn.*

Sprechen Sie den Text vor und wiederholen Sie ihn mit den Kindern einige
Male.

## Häschen in der Grube

*Alter: ab 2 Jahren*

Text: überliefert

*Häschen in der Grube,*
*saß und schlief, saß und schlief.*
*Armes Häschen, bist du krank,*
*dass du nicht mehr hüpfen kannst?*
*Häschen, hüpf!*

Dieser „Klassiker" für die Kleinsten lässt sich aufsagen. Zunächst durch Sie,
dann gemeinsam mit den Kindern. Sie können ihn natürlich auch nach der
bekannten Melodie singen und gleichzeitig spielerisch ausführen.

## Sommer

Die warmen Sommertage laden zum Spielen im Freien ein. Nach Herzenslust herumtollen und voller Lebensfreude den Tag genießen. Sich so richtig „satt" spielen an frischer Luft. Mit den folgenden Anregungen können Sie die Sommerspielfreude der Kleinsten besonders fördern ...

### Wasserbilder

*Alter: ab 2 Jahren*
*Geförderte Kompetenzen: Motorik; Wahrnehmung; Formkenntnis; manuelle Geschicklichkeit; Spielfreude*
*Material: leere Spülmittel-Flaschen aus Plastik*

Ein schönes Sommerspiel, an dem schon die Jüngsten ihre Freude haben. Für jedes Kind benötigen Sie eine leere Spülmittel-Flasche mit einer möglichst engen Ausgießöffnung. Diese füllen Sie für die Kinder mit Wasser, die damit Bilder auf die verlegten Platten oder Steine vor oder hinter dem Krippen-Gebäude „malen" können. Wer kann eine Blume malen oder ein Haus oder ein Auto mit Wasser malen?

### Pflastermaler

*Alter: ab 3 Jahren*
*Geförderte Kompetenzen: Experimentierfreude; Geschicklichkeit; Kreativität; bildnerischer Ausdruck; Farberkennung*
*Material: Kreide; Wasserfarben; Wasser; Eimer; Pinsel; Küchenrolle*

Wenn sich das Thermometer der 30-Grad-Marke nähert, werden die Pflastermaler mit Wasserfarbe und mit farbigen Kreiden aktiv. Während Kreidemalereien länger erhalten bleiben, verdunsten Wasserbilder im Sommer sehr schnell. Beide Formen bereiten den Kindern immer wieder große Freude, besonders, wenn man sie mit mehreren teilt. Ist kein dicker Pinsel vorhanden, kann man es auch gut mit einem Handfeger versuchen.

## Mit nackten Füßen

*Alter: 3 Jahre*
*Geförderte Kompetenzen: Entwicklung der Sinne; Grobmotorik*
*Material: Tuch; Papiertaschentücher*

Ein Sommermorgen kann für die Kinder zu einem besonderen Erlebnis werden, wenn sie früh mit Ihnen über eine taunasse Wiese stapfen und das Gras unter ihren Füßen spüren. Man kann auch mit geschlossenen Augen über Moos, Sand, Asphalt und andere Untergründe gehen.

## Schiffchen auf der blauen See

*Alter: ab 2 Jahren*

Melodie und Text: mündlich überliefert

Schiff-chen auf der blau - en See, ha - ste für mich kein Sitz - plätz-chen mehr? Der Len - ny der soll stei - gen ein, ach, wird die Rei - se fein.

*Schiffchen auf der blauen See,*
*haste für mich kein Sitzplätzchen mehr?*
*(Der Lenny) der soll steigen ein,*
*ach, wird die Reise fein.*

*Schiffchen auf der blauen See,*
*haste für mich kein Sitzplätzchen mehr?*
*Wir alle, wir soll'n steigen aus,*
*drum eilet schnell nach Haus.*

Ein Kind sitzt in der Kreismitte als Kapitän, es holt sich nacheinander die Kinder ins Schiffchen hinein.

## Auf der Donau woll'n wir fahren

*Alter: ab 2 Jahren*

Melodie: „Kommt ein Vogel geflogen", Text: mündlich überliefert

*Auf der Donau woll'n wir fahren,*
*wo das Schiffchen sich dreht,*
*und das Schiffchen heißt (Monika),*
*und die (Monika) fährt mit.*

Das Kind, welches ins Schiffchen einsteigt, wird von zwei Müttern in einer Wolldecke geschaukelt, und dabei sprechen Sie mit den Kindern:

*Mein Schifflein schaukelt hin und her.*
*Es segelt weit ins blaue Meer.*
*Schaukle hin, schaukle her,*
*schaukle Schifflein durch das Meer.*

## Blubberspiel

*Alter: ab 3 Jahren*
*Geförderte Kompetenzen: Mundmotorik; Lungenfunktion stärken; Spaß*
*Material: 1 große Plastikschüssel; Wasser; Strohhalme*

Ein Riesenspaß für alle Kinder ist das lustige Blubberspiel. Füllen Sie eine Schüssel mit Wasser. Gemeinsam wird „geblubbert". Zwei bis drei Kinder bekommen jeweils zwei Strohhalme durch die sie ins Wasser blasen, bis sie nicht mehr können.

## Biene im Flug

*Alter: ab 2 Jahren*
*Geförderte Kompetenzen: Feinmotorik; Bewegungsfreude*
*Material: DIN-A3-Zeichenpapier; Bleistift; Wachsmalstifte*

Die Kinder zeichnen in die Mitte ihres Blattes eine Biene und lassen sie fliegen, indem sie mit verschiedenfarbigen Wachsmalstiften von der Mitte aus Kreise malen, die sich auch überschneiden können. Die kleineren Kinder malen Krakeleien, Schlängellinien und Spiralen. Kreise können sie erst

ab ca. 3 Jahren malen. Durch diese Hin- und Her Bewegung wird die Feinmotorik geübt. Während des Malens singen sie gemeinsam:

„Summ, summ, summ …" oder „Und rund herum, und rund herum und rund
herum, herum".

## Erst kommt der Sonnenkäferpapa

*Alter: ab 2 Jahren*

Melodie und Text: mündlich überliefert

Ein Kind ist der Sonnenkäferpapa, ein anderes die Mama, und alle anderen
Kinder laufen hinterher. Sie fliegen (Flugbewegung mit den Armen machen)
oder kriechen, krabbeln, hüpfen oder tanzen um Hindernisse herum (Stühle, Tische, Bänke, Kartons oder Reifen). Besonders festlich wird das Spiel,
wenn die Kinder sich einen selbstgebastelten Marienkäfer anstecken.

## Segelboot

*Alter: ab 3 Jahren*
*Geförderte Kompetenzen: Feinmotorik; Geschicklichkeit; Ausdauer*
*Material: je Kind 1 Bastelunterlage, Zahnstocher, Tonpapier (5 ×4 cm), Wal-*
*nusshälfte, Knete oder Salzteig: für Sie: Bleistift, Schere, Lochzange*

Bereiten Sie die schwierigen Schritte vor: Segel aufmalen und ausschneiden. An der Segelspitze und am unteren Rand in der Mitte mit der Lochzange (kleinste Größe) ein Loch knipsen. Die Kinder können ihr Segel dann auf beiden Seiten anmalen und den Zahnstocher als Mast in die beiden Löcher einschieben. Die Knetmasse oder den Salzteig in die Walnusshälfte drücken und das Segel einsetzen. In einer Wasserschüssel nehmen alle zusammen die Bootstaufe vor. Welches Segelboot gleitet besonders schnell übers „Schüsselmeer"?

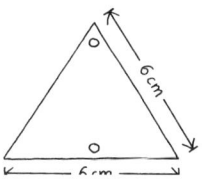  

## Segelschiff auf dem Meer

*Alter: ab 2 Jahren*
*Geförderte Kompetenzen: Feinmotorik; Kreativität*
*Material: Zeichenpapier DIN A4; Fingerfarben Blau und Weiß; buntes Papier*
*(10 ×10 cm); ein kleines Dekorationsfähnchen; Borstenpinsel Nr. 8; Schere*
*und Kleber*

Das Wasser ist ein Borstenpinseldruck aus blauer Farbe, der Pinsel wird immer wieder in die Farbe getaucht und dicht an dicht auf das Papier gedruckt, bis das Blatt einen blauen Untergrund hat. Nun reinigen wir den Pinsel, tauchen ihn dann in weiße Farbe und drucken vereinzelt weiße Schaumköpfe darauf. Während das Bild trocknet, falten wir unser Segelschiff aus einem quadratischen Stück farbigem Papier. Das 10 ×10 cm große Papierquadrat wird zu einem Dreieck gefaltet und an der Bruchkante durchgeschnitten. Nun haben sie zwei Dreiecke, das eine ist das Segel, und aus dem anderen falten sie das Boot, indem sie die Spitze des Dreiecks an die Grundlinie legen und feststreichen. Wenn das Wasser getrocknet ist, kleben sie das Segelschiff auf und verzieren es mit einem kleinen Fähnchen. Die 2-Jährigen malen natürlich das Wasser ganz nach Belieben mit blauer Farbe, und zusammen mit der Erzieherin kleben sie das Segelschiff hinein.

## Fischangelspiel

*Alter:* ab 3 Jahren
*Geförderte Kompetenzen:* Feinmotorik; Geschicklichkeit; Ausdauer
*Material:* Zeichenpapier; Bleistift; Wachsmalstifte; Schere; Büroklammern;
*Hufeisenmagnet als Angel; Karton als Aquarium*

Malen Sie Fische, Aale, Quallen, Seesterne, Frösche und als Nieten Schuhe, Kaffeekanne und Tassen auf Zeichenpapier auf. Beim Anmalen der Gegenstände helfen die Kinder. Schneiden Sie die Abbildungen dann aus und befestigen eine Büroklammer daran. Nun verzieren die Kinder den Karton von außen mit Fischen, Seesternen und Algen – das ist das Aquarium. Hier hinein legen sie die Meerestiere und Gegenstände, nun kann das Angeln beginnen!

 *Tipp: Wer 3-mal geangelt hat und dabei einen Fisch an Land gezogen hat, darf sich einen Gegenstand als Preis aussuchen (z. B. Luftballon, Muschel, Stein, Bonbon usw.).*

**Abpausvorlage für den Fisch:**

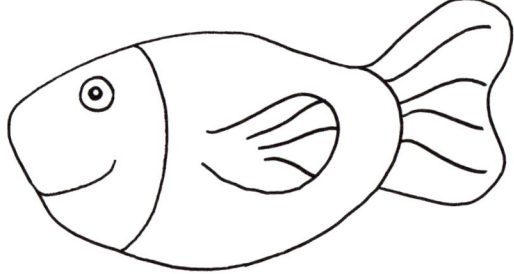

## Meerwasseraquarium

*Alter: ab 3 Jahren*
*Geförderte Kompetenzen: feinmotorische Geschicklichkeit; Farben erkennen; Kreativität*
*Material: je Kind 1 Bastelunterlage, weißes Malpapier, dicker Pinsel, Wachsmalstifte, blaue Wasserfarben, Wasserbehälter, Malkittel; für Sie: 1 Bleistift*

Das große Blatt stellt ein Aquarium da, in das von Ihnen einfache Fische und Wasserpflanzen gemalt wurden. Die Kinder malen die Fische und Wasserpflanzen mit Wachsmalkreide aus. Danach wird mit blauer Wasserfarbe das Wasser gemalt und fertig ist das schöne „Meerwasseraquarium".

## Fische fangen

*Alter: ab 2 Jahren*
*Geförderte Kompetenzen: Bewegung; Reaktionsfähigkeit; Spielfreude*

**Der Fischer**
*Ich hab gefischt, ich habe gefischt,*
*ich hab die ganze Nacht gefischt*
*und hab nicht einen Fisch erwischt!*

Auf den Tisch wird mit Kreide ein großer Fischteich gezeichnet. Alle Kinder lassen ihre Hände als Fische im Teich herumschwimmen. Sie oder ein Kind sind der Fischer, während der Vers gesprochen wird, Kreist eine Hand des Spielleiters als Angler über den Fischen. Bei der letzten Zeile *„... und hab nicht einen Fisch erwischt"* ziehen alle Kinder ihre Hände ein. Gelingt es dem Fischer, eine Hand zu erwischen, muss derjenige der Angler sein.

## Sonnenschein und Seifenblasen

*Alter: ab 3 Jahren*
*Geförderte Kompetenzen: Mundmotorik; Freude; Spaß*
*Material: Esslöffel; Spülmittel; Glyzerin; Wasser; Seifenblasenpuster*

Sommer, Sonne, Seifenblasen! Im Schein der Sonne schillern Seifenblasen besonders schön. Vermischen Sie zehn Esslöffel Spülmittel mit zehn Esslöffel Wasser und verrühren Sie beides vorsichtig mit dem Finger. Es darf nicht schäumen. Dann fügen Sie etwa 10–15 Tropfen Glyzerin aus der Apotheke in diese Mischung und fertig ist die perfekte Seifenblasenflüssigkeit! Wer es gerne etwas einfacher hat, besorgt fertige Seifenblasenflüssigkeit im Pustedöschen. Allemal ein Spaß für alle und die Kleinsten schauen bewundernd den bunt schillernden Seifenblasen der größeren Kinder nach.

## Regen verschwinde!

*Alter: ab 1 Jahr*
*Geförderte Kompetenzen: Sprechfreude; Bewegung*

*Regen, Regen, verschwinde,*
*verschwinde mit*
*dem Winde!*

„Verjagen" Sie zusammen mit den Kindern den Regen mit diesem Vers an einem Schlechtwettertag. Sie können den Text wie eine Zauberformel sprechen und mit den Kindern ritualisieren: Immer, wenn schlechtes Wetter kommt, dann sprechen Sie den Spruch mit ihnen. Welche Bewegungen passen zu dem Text?

## Einladung zum Froschkonzert

*Alter: ab 2 Jahren*
*Geförderte Kompetenzen: Motorik; Spielfreude; Ausdauer; Wahrnehmung; Sozialverhalten*

Ein sommerliches Froschkonzert eignet sich hervorragend zu einer Geburtstagsfeier oder einem Sommerfest. Schön ist es, wenn eine Rasenfläche zur Verfügung steht. Reifen oder Springseile, zum Kreis gelegt, sind der See, an heißen Tagen können Sie auch ein Planschbecken aufstellen. Zwei Seile parallelgelegt können ein Graben sein, über den die kleinen Frösche springen. Bei größeren Kindern heben zwei Erwachsene die Seile an. Stühle, Kisten und Bänke laden zum Krabbeln, Springen und Klettern der Fische und Frösche ein. Vielleicht wollen auch die Frösche die Fische fangen oder umgekehrt? Es gibt viele Spielmöglichkeiten, z.B. dürfen die größeren Kinder nicht gefangen werden, wenn sie im See (Kreis) sitzen usw. Haben sich die Kinder genug ausgetobt, ist eine Ruhepause nötig.

## *Froschspiel*

*Alter: ab 2 Jahren*
*Geförderte Kompetenzen: Motorik; Ausdauer*
*Material: grünes Tonpapier; Verstärkungsringe; schwarzer Filzstift; Schere, Kleber; Wäscheklammer*

Je nach Anzahl der Mitspieler werden Frösche und Fische gebastelt: Die Frösche sind mit einer Wäscheklammer versehen, wenn man diese zusammendrückt, springen sie. Legen Sie den Fußboden oder einen großen Tisch mit den Fischen ausgelegt. Nun lassen die Kinder die Frösche springen. Springt ein Frosch auf einen Fisch, bekommt derjenige, der ihn hat springen lassen, einen kleinen Preis.

**Abpausvorlage Frosch:**

 Übertragen Sie den Frosch auf grünes Tonpapier, schneiden ihn aus (Anzahl je nach Mitspielern). Die Augen kennzeichnen Sie mit zwei Verstärkungsringen. Kleben Sie den Frosch auf eine Wäscheklammer, sodass sie sich unten am Körper zusammendrücken lässt.

Die Fische sollten die Größe eines DIN-A4-Blattes haben. Die Kinder können sie anmalen oder mit Papierschnipseln als Schuppen bekleben und anschließend ausschneiden.

## Auf unsrer Wiese geht was

*Alter: ab 2 Jahren*

Melodie: Volkslied; Text: Heinrich Hoffmann von Fallersleben

Die Bewegungen des Storches sind in diesem Lied schon beschrieben und müssen nur noch ausprobiert werden: Der Storch geht auf der Wiese. Er hat lange dünne Beine und zieht beim Gehen die Knie ganz weit hoch. Ja, und wenn er durch die Sümpfe watet, muss er die Knie noch höher ziehen. Frösche muss er auch noch fangen und laut mit dem Schnabel klappern. Eine schöne Mitspielaktion, an der die Kinder ihre Freude haben.

## Welches Kind kennt sich aus?

*Die Sonne glüht,*
*die Linde blüht,*
*das Korn wird voll.*
*Wann ist das wohl?*
(Sommer)

## Heut ist ein Fest

*Alter: ab 1 Jahr*

Melodie und Text: mündlich überliefert

Die Kleinsten singen nur „quak, quak, quak" zur Melodie.

 **Tipp:** *Das Lied können die Kinder mit dem Frosch aus dem Pappkreis in der einen Hand und mit Rasseln, Schütteln oder Schellen in der anderen Hand begleiten.*

## Spucki, das wilde Lama

*Alter: ab 3 Jahren*
*Geförderte Kompetenzen: Bewegen; Geschicklichkeit; Reaktionsfähigkeit*
*Material: 1 mit Wasser gefüllte Sprühflasche*

Heute ist ein heißer Sommertag, sodass die Kinder im Badeanzug herumlaufen. Die beste Zeit für ein erfrischendes Sommerspiel! Ein Kind wird zum „Lama Spucki" ernannt und setzt oder legt sich mit einer gefüllten Wasser-Sprühflasche in der Hand auf den Rasen. Die anderen Kinder sind „Zoobesucher", die das Lama necken und ärgern, indem sie es z. B. mit Gras bestreuen, Grimassen schneiden oder es kitzeln. Irgendwann hat das Lama die Nase voll, springt auf und „spuckt" alle Kinder, die es erreichen kann, aus seiner Sprühflasche nass. Das zuerst getroffene Kind wird das neue Lama.

## Buntes Angelspiel

*Alter: ab 3 Jahren*
*Geförderte Kompetenzen: Farben erkennen; Zuordnen; Benennen; manuelle*
*Geschicklichkeit; Spaß*
*Material: viele Marmeladenglasdeckel; Fingerfarben Rot, Gelb, Blau und*
*Grün; Pinsel; Hufeisenmagnet als Angel*

Bemalen Sie ungefähr jeweils fünf Marmeladenglasdeckel mit den Farben Rot, Gelb, Blau und Grün. Wenn Sie die Deckel nach dem Trocknen umdrehen, lassen sich mit der magnetischen Angel verschiedene Spiele durchführen:

**Variante 1:** Die Kinder decken einen roten, gelben, blauen und grünen Deckel auf, die anderen Deckel werden geangelt und der Farbe entsprechend zugeordnet.

**Variante 2:** Jedes Kind darf 3-mal angeln und benennt die Farben, die es geangelt hat.

**Variante 3:** Jedes Kind darf 3-mal angeln, wenn eine rote Farbe dabei ist, darf es sich einen Preis aussuchen (z. B. Luftballon, Nüsse, Bonbon usw.)

## Farbspiele

*Alter: ab 3 Jahren*
*Geförderte Kompetenzen: Reaktionsvermögen; Motorik; Sprache*
*Material: 1 Softball*

Setzen Sie sich mit den Kindern in einen Stuhlkreis und werfen sich untereinander einen Ball zu. Das Kind, welches den Ball wirft, fragt: *„Welche Farbe magst du gern?"* Das Kind, das den Ball fängt, nennt seine Lieblingsfarbe und stellt erneut die Frage.

**Variante für etwas ältere Kinder:** Das Kind, das den Ball wirft, nennt eine Farbe, und ein anderes muss dann schnell irgendein Ding nennen, das diese Farbe hat. Z. B. *„Blau!" – „Das Meer!" – „Rot!" – „Die Erdbeere!"* usw.

## Kieselsteine bemalen

*Alter: ab 3 Jahren*
*Geförderte Kompetenzen: feinmotorische Geschicklichkeit; Materialerfahrung; Kreativität; Farben erkennen*
*Material: je Kind 1 Bastelunterlage, Kieselstein, Pinsel, Wasserfarben, Wasserbehälter, Malkittel*

Waschen und trocknen Sie die Kieselsteine ab. Jedes Kind bekommt einen Stein und malt ihn rundherum mit einer Farbe an. Die Steine müssen dann erst mal trocknen. Danach können die Kinder ihn beliebig mit Punkten und Strichen verzieren oder kunterbunt bemalen. Anschließend werden die kleinen Kunstwerke wieder gut getrocknet.

## Sonnenschild

*Alter: ab 3 Jahren*
*Geförderte Kompetenzen: Feinmotorik; Kreativität, Materialerfahrung*
*Material: je Kind 1 Bastelunterlage, Kleber, Tonkarton (20×12 cm), Gummikordel (ca. 20 cm), Malstifte, Schere, Buntpapier-Schnipsel, Nadel*

Sommer, Sonne und schicke Sonnenschilder für die Kleinen. Zeichnen Sie die Sonnenschildform auf Tonpapier und schneiden für jedes Kind ein Exemplar aus. Anschließend bemalen oder bekleben die Kinder das Sonnenschild mit abgeschnittenen Buntpapier-Schnipseln. Fädeln Sie die Gummikordel auf, stechen an den Seiten durch den Karton und verknoten die Enden. So entstehen sehr schicke Sonnenschilder.

## Kommt, wir spielen Indianer!

*Alter: ab 2 Jahren*
*Geförderte Kompetenzen: Feinmotorik;*
*Spielfreude*
*Material: je nach Anzahl der Kinder 1*
*Papierstreifen (58 cm lang), 1 Feder, bunte*
*Papierschnipsel, Kleber, Farbe bzw. Bunt-*
*stifte, Band oder Klammern zum Zusam-*
*menbindend des Stirnbandes*

Schon die 2-Jährigen mögen sich gerne verstecken und haben viel Spaß an diesem Spiel, besonders, wenn sie ein Stirnband mit einer Feder tragen: Ein 58 cm langer Streifen Papier wird doppelt gelegt und dem Kopfumfang des Kindes angepasst. Die beiden Enden werden zusammengeheftet oder -gebunden und hinten eine Feder hineingesteckt. Man kann den Kopfschmuck vorher anmalen oder mit bunten Papierschnipseln bekleben. Und dann kann der Indianertanz beginnen und alle singen:

*Indianer heißen wir, ahu – ahu – ahu,*
*und tanzen wild und schleichen leis'*
*ums Lagerfeuer in einem Kreis, ahu – ahu – ahu.*
*Wir laufen schneller als der Wind, ahu – ahu – ahu,*
*und plötzlich wir verschwunden sind!*

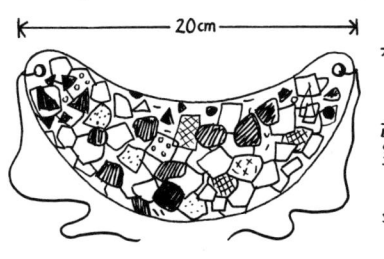

Das „ahu" wird mit leichtem Schlagen der flachen Hand vor den Mund gesprochen. Während Sie den Vers sprechen, hüpfen und schleichen alle um ein Lagerfeuer (aus Bausteinen und rotem Krepppapier). Dann verstecken sich die Indianer und der Spielleiter oder ein Kind, als Indianerhäuptling, ruft die Aufforderung:

*Indianer in den Ecken,*
*kommt heraus aus den Verstecken!*

## Sandrieselspiele

*Alter: ab 2 Jahren*
*Geförderte Kompetenzen: taktile Sinneswahrnehmung; Motorik; Konzentration; Selbsterkenntnis; Verbalisieren*
*Material: 2 Siebe oder Trichter*

Ein schönes Sommerspiel, bei dem zwei Kinder durch ein Sieb oder einen Trichter Sand rieseln lassen. Wer schüttet den höchsten Berg auf? Vielleicht macht es auch Spaß, gemeinsam einen Sandhügel entstehen zu lassen? Es können auch mehrere Kinder zusammen in der Sandkiste sitzen und mit beiden Händen gleichzeitig immer wieder warmen, feinen Sand durch ihre Finger rieseln lassen. Wenn der Sand über die Haut rieselt, kribbelt es angenehm. Manchmal ist er noch etwas feucht. Wie fühlt er sich an?

## Seenlandschaft in der Sandkiste

*Alter: ab 3 Jahren*
*Geförderte Kompetenzen: Motorik; Fantasie; Kreativität; Spielfreude; Wissenserweiterung*

Der Umgang mit Sand und Wasser ist eine der Tätigkeiten, bei denen die Kinder besonders vertieft und selbstvergessen spielen. Zusammen mit Ihnen ziehen die Kinder verschiedene Gräben und Mulden, die mit Plastikfolie ausgelegt werden. Nun wird Wasser in die „Seenlandschaft" gefüllt. An den Ufern wachsen Bäume und Büsche, es gibt Brücken und ein Boot, in dem Menschen spazieren fahren. Neben Plastikfolie und Wasser benötigen sie Eimer, kleine Äste, Steine, Gras und beliebige andere Naturmaterialien.

## Mühle, Mühle

*Alter: ab 2 Jahren*

Melodie und Text: mündlich überliefert

| Müh | - | le, | Müh | - | le, | lauf, | lauf, | lauf, |
|-----|---|-----|-----|---|-----|-------|-------|-------|
| o | - | ben | steht | | der | Mül | - | ler | drauf, |
| macht | | der | Mül | _ | ler | bum, | bum, | bum, |
| fällt | | die | gan | - | ze | Müh | - | le | um! |

**Gesprochen:**

*Und dann kommt der Trecker.* (Hinfallen)
*und zieht die Mühle wieder hoch.* (Ein Kind spielt den Trecker)

## Lustige Seefahrt

*Alter: ab 3 Jahren*
*Geförderte Kompetenzen: Feinmotorik; Kreativität; Experimentierfreude*
*Material: Eierkartonboden; Schachteln; Küchenpapierrollen; Watte; Fähnchen; Fingerfarben und Kleber; 1 große Schüssel*

Bauen Sie mit den Kindern für die Seefahrt einen Dampfer aus einem Eierkarton! Die Innenfläche des Eierkartons, die Schachteln und Papierrollen malen die Kinder mit Fingerfarben an. Nach dem Trocknen kleben Sie sie zu einem Dampfer zusammen. Die Kinder können noch kleine Figuren als Kapitän hineinsetzen. Der Dampfer kann für begrenzte Zeit sogar schwimmen! Befestigen Sie ein langes Band am Schiff und am anderen Ende eine Küchenpapierrolle. Das Schiff kann auch im Zimmer umher „schwimmen", indem sie das Band um die Papierrolle wickeln.

## Schmetterlingsfänger

*Alter: ab 3 Jahren*
*Geförderte Kompetenzen: Grobmotorik; körperliche Gewandtheit; Reaktion;*
*Schnelligkeit; Sozialverhalten*

Stellen Sie sich mit den Kindern auf einen Rasen (Garten, Park, Spielwiese).
Die Mehrzahl der Kinder fasst sich an den Händen und bildet einen Kreis.
Die übrigen Kinder sind Schmetterlinge, die soeben gefangen wurden und
jetzt versuchen, aus dem Netz – dem Kreis – zu entkommen. Das Netz darf
sich bewegen und die Schmetterlinge entweder fester einschließen oder
durchlassen. Sie steuern und lenken sanft das Spiel.

## Luftballons über den Kopf

*Alter: ab 3 Jahren*
*Geförderte Kompetenzen: motorisches Geschick; Schnelligkeit; Koordinati-*
*on; Konzentration; Sozialverhalten*
*Material: 2 Luftballons*

Ein schönes Sommerspiel für drinnen und draußen! Bilden Sie zwei Gruppen. Die Kinder stellen sich mit jeweils einem Schritt Abstand hintereinander auf. Das vorderste Kind hält einen Luftballon in seinen Händen. Auf Ihr
Zeichen hin soll es diesen über den Kopf hinweg an seinen dahinterstehen-
den Nachbarn weiterreichen. Umdrehen ist nicht erlaubt. Ist der Luftballon
beim letzten Kind angekommen, läuft dieses mit dem Ballon nach vorne in
die Reihe, und das Spiel beginnt von vorne. Die Mannschaft, deren Kinder
zuerst alle einmal den Platz gewechselt haben, hat gewonnen.

## Das Würfelspiel mit farbigen Jogurtbechern

*Alter: ab 3 Jahren*
*Geförderte Kompetenzen: Kreativität; Motorik; Konzentration*
*Material: 4 Jogurtbecher; Fingerfarben Rot, Gelb, Blau und Grün; Pinsel; gro-*
*ßer Farbwürfel*

Die Kinder bemalen den Boden der Jogurtbecher von außen jeweils mit einer Farbe. Unter diesen Bechern verstecken Sie einen kleinen Gegenstand. Nun würfelt abwechselnd ein Kind und darf den Becher mit der entsprechenden Farbe aufdecken. Weiß und Schwarz auf dem Würfel sind Nieten. Zeigt der Würfel diese Farben, darf noch einmal gewürfelt werden.

# Herbst

Der Herbst ist eine vielseitige Jahreszeit. Er lädt zu einem Spaziergang durch den Park ein. Hier können die Kinder durch das heruntergefallene Laub rascheln, Blätter zum Pressen, Kastanien, Eicheln und Zapfen sammeln, um anschließend damit zu basteln. Bunte Flugdrachen und Laternenlaufen erfreuen die Kinder ebenso in der dritten Jahreszeit ...

## Spiele im Herbstwind

*Alter: ab 3 Jahren*
*Geförderte Kompetenzen: Beobachten; Bewegen; Experimentieren; Koordina-*
*tion, Fantasie; Motorik*
*Material: gesammelte Naturmaterialien (siehe Spielbeschreibung); Pappen;*
*Kleber; Draht; Werkzeuge*

Herbst und Wind gehören zusammen. In dieser Jahreszeit haben Windspiele im Freien eine besondere Stellung. Die Wirkungen des Windes, sein Sausen und Pfeifen, das Rauschen der Bäume, das Wirbeln der Blätter sind für Kinder immer wieder beeindruckend. Es kommt zu ganz einfachen Spielen: Die Kinder laufen wirbelnden Blättern hinterher, toben und verstecken sich in Laubhaufen, lassen Papierstückchen fliegen und versuchen, die Fetzen im Flug mit den Händen zu fangen. Auf einem Spaziergang werden bunte Blätter, Eicheln, Bucheckern und Kastanien gesammelt. Aus den Naturmaterialien entstehen später die verschiedensten Blattbilder, Kastanienmännchen und Tiere. Gesammelte Tannenzapfen werden zu Bäumen, Rinden zu Gebirgen, Blätter zu Landschaften und Steine zu Häusern.

## Laubgeraschel

*Alter: ab 2 Jahren*
*Geförderte Kompetenzen: Motorik; Geräusche erleben; Spielfreude*

Besonders im Herbst ist es eine Freude, gut hörbar raschelnd durch Berge von Laub zu stapfen. Welches Kind kann die lautesten Geräusche machen? Wer kann die Blätter mit seinen Armen und Füßen besonders hoch wirbeln? Ein Riesenspaß für alle!

## Bunter Herbstdrachen

*Alter: ab 3 Jahren*
*Geförderte Kompetenzen: Motorik; Genauigkeit; konsequentes Durchhalten der Tätigkeit bis zur Fertigstellung; Geschicklichkeit*
*Material: Faltpapier; Buntstifte; Wollfaden; Kleber*

Herbststimmung bedeutet Wind, Regen, früh einbrechende Dunkelheit, Laternenlaufen und Drachensteigen. Falten Sie mit den Kindern einen kleinen Drachen. Sie haben dabei die Möglichkeit, über das Erlernen des Faltvorgangs hinaus ihre Fantasie beim Anmalen des Drachengesichts spielen zu lassen. Das Kind muss die Beschreibung und Demonstration des Faltens durch genau beobachten, verstehen und den Vorgang dann selbst durchführen. Nach dem Austeilen der Blätter beginnen die Kinder, auf dem Tisch zu falten. Faltvorgang: Falten Sie mit den Kindern das Papierquadrat einmal zum Dreieck, öffnen es wieder und legen die zwei Seiten a und b an die Bruchkante. Nachdem sie den Drachen gefaltet haben, bemalen oder bekleben sie ihn mit bunten Papierschnipseln und verzieren ihn mit Ohren und einem Schwanz aus Krepppapier. Befestigen Sie einen Faden am Drachen.

Dann können sie ihn fliegen lassen oder das Zimmer damit dekorieren. Sie geben natürlich Hilfestellung.

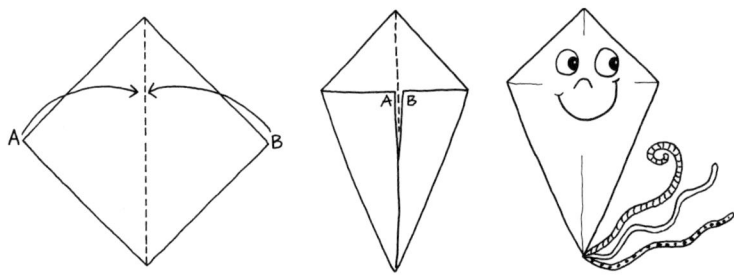

## In einem kleinen Apfel

*Alter: ab 3 Jahren*
*Geförderte Kompetenzen: aufmerksames Zuhören; Beobachtung; Wissenserweiterung; Gesehenes verbalisieren*

Text: Volkslied

*In einem kleinen Apfel,*
*in einem kleinen Apfel,*
*da sieht es lustig aus:*
*Es sind darin fünf Stübchen,*
*grad wie in einem Haus.*

*In jedem Stübchen wohnen*
*zwei Kernchen schwarz und fein,*
*die liegen drin und träumen,*
*vom lieben Sonnenschein.*

*Sie träumen auch noch weiter,*
*gar einen schönen Traum,*
*wie sie einst werden hängen,*
*am lieben Weihnachtsbaum.*

Verteilen Sie Äpfel an die Kinder. Schneiden Sie die Apfel quer durch. Jeder kann darin die „fünf Stübchen" mit den Kernen betrachten. Anschließend könnte es ein feines Apfelmus geben.

## Herbstlicher Blätterdruck

*Alter: ab 3 Jahren*
*Geförderte Kompetenzen: Feinmotorik; Materialerfahrung; Aufmerksamkeit;*
*Erkennen und Benennen*

Färben Sie mit den Kindern die auf einem Spaziergang gesammelten Blätter auf der Blattunterseite mit Tusche und legen das Blatt zwischen zwei Papiere. Über das obere Papier wird mit der Handkante gestrichen. Fertig ist der Druck. Gemeinsam werden die Blätterdrucke betrachtet. Was gibt es zu entdecken? Was fällt auf?

## Herbstbaum-Bild

*Alter: ab 2 Jahren*
*Geförderte Kompetenzen: Feinmotorik; Materialerfahrung; Ideenumsetzung;*
*Kreativität*
*Material: je Kind 1 Bastelunterlage, weißer DIN-A-4 Tonkarton, Malstifte,*
*Kleber, brauner Wachsmalstift*

Zeichnen Sie einen Baum mit braunem Wachsmalstift vor und schneiden ihn aus. Die Blätter sollten auch auf weißem Karton aufgezeichnet und ausgeschnitten werden. Die Kinder malen die Blätter aus und kleben sie auf die Baumkrone und einzelne heruntergefallene Blätter auf den Boden.

## Häuschen im Wind

*Alter: ab 2 Jahren*

*Mein Häuschen ist nicht ganz grade,*
*ist das aber schade!*
*Mein Häuschen ist krumm,*
*ist das aber dumm!*
*Hui, da bläst der Wind hinein,*
*bums, da fällt das Häuschen ein.*

Beim Sprechen des Verses können Sie mit den Kindern passende Bewegungen dazu machen: Mit den Händen ein Häuschen zeigen, mal nach links, mal nach rechts neigen, dann pusten und das Häuschen einfallen lassen.

## Großer Herbstbaum

*Alter: ab 3 Jahren*
*Geförderte Kompetenzen: Feinmotorik; Wissenserwerb; Materialerfahrung;*
*Gemeinschaftserlebnis; Sozialverhalten*
*Material: je Kind 1 Bastelunterlage, gepresste Blätter, Kleber, Malstifte, Tapete (ca. DIN-A-3), brauner Wachsmalstift, Klebeband*

Trocknen Sie gesammelte Blätter. Die Tapete wird in der Mitte gefaltet. Die Krone des Baumes liegt darüber und der Stamm unter der gefalteten Linie. So können sich die Kinder entsprechend orientieren. Zeichnen Sie die Kontur des Baumes mit braunem Wachsmalstift vor. Dann kann es losgehen: Das Bild wird am besten an die Tür oder an eine andere Stelle geklebt, die vom Klebeband nicht beschädigt wird und von allen Kindern erreicht werden kann. Alle Kinder helfen nun zusammen, um den Baum schön zu gestalten. Die Krone des Baumes wird mit Blättern geklebt. An den Wurzeln werden einzelne, heruntergefallene Blätter befestigt. Wenn die Kinder möchten, können sie noch rote Äpfel oder gelbe Birnen an die Äste hängen. Am Wurzelwerk des Baumes können grüne Striche als Wiese gemalt werden ...

## Heinzelmännchen-Laterne

*Alter: ab 2 Jahren*
*Geförderte Kompetenzen: Feinmotorik; Gestaltungsfreude; Spaß mit dem*
*farbigen Produkt*
*Material: Butterbrotpapier von der Rolle 54×24 cm; Wachsmalstifte oder*
*Wasserfarbe in den Farben Rot, Gelb, Orange; für die Heinzelmännchen ei-*
*nen 54×15 cm langen Streifen schwarzes Tonpapier; Kleber*

Diese Laterne ist besonders für die Kleinen geeignet! Die Kinder malen auf
das Butterbrotpapier mit den drei Farben an. Den Streifen schwarzes Tonpapier falten sie zur einer Ziehharmonika und übertragen das halbe Heinzelmännchen darauf.

**Abpausvorlage:**

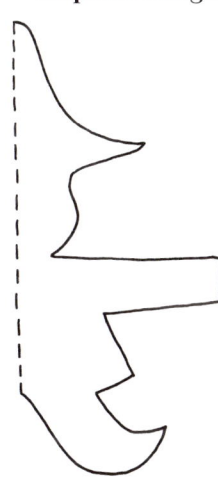

Dann schneiden die Kinder entlang der gezeichneten Um-
risslinien, das Männchen aus dem zusammengefalteten
Tonpapier aus. Beachten Sie, dass die Hände an den
Bruchkanten nicht durchschnitten werden. Nach dem
Ausschneiden, falten sie die Männchen auseinander. So
haben sie eine Kette von Heinzelmännchen. Vier „Ketten-
glieder" (Faltseiten), reichen zum Bau einer Laterne.

Sie kleben in die „Heinzelmännchen"-Öffnungen das bemalte Butterbrotpapier und stellen die vier beklebten
Papierseiten zu einem Viereck auf. Dann
wird die Kette der Heinzelmännchen zusammengeklebt. In die Mitte des Later-
nenkastens können Sie dann z. B. ein
Teelicht stellen. Das Heinzelmännchen
beginnt dann zu strahlen ...

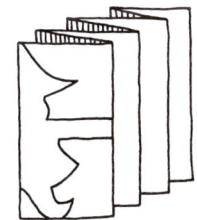

## Es tanzt ein kleiner Heinzelmann

*Alter: ab 2 Jahren*

Melodie: „Es tanzt ein Bi-Ba-Butzemann"

*Es tanzt ein kleiner Heinzelmann*
*in unserm Haus herum, dideldum.*
*Es tanzt ein kleiner Heinzelmann*
*in unserm Haus herum.*
*Er rüttelt sich und schüttelt sich,*
*er wirft die Beine hinter sich.*
*Es tanzt ein kleiner Heinzelmann*
*in unserm Haus herum.*

Stellen Sie sich mit den Kindern in einem Kreis auf und führen die Bewegungen aus. Bei festlichen Anlässen geben Sie den kleinen Heinzelmännchen noch einen Hut ...

*Papierhut für das Heinzelmännchen:* Man kann ihn zum Spiel oder zum Spaß bei allerlei kleinen Festen tragen. Für Kinderköpfe nimmt man am besten eine doppelte Zeitungsseite, an der geschlossenen Kante knickt man die Mitte ein klein wenig an. Dann bricht man entweder beide Ecken nach vorn oder eine nach vorn und eine nach hinten. Die unteren, vorstehenden Ränder werden nach jeder Seite aufgeschlagen. Die überstehenden Ecken werden umgebrochen und ineinandergeschoben oder angeklebt. Als besonderen Schmuck kann man den Hut mit bunten Papierschnipseln bekleben oder auf eine Seite ein paar Federn oder Papierstreifen hineinstecken oder hineinkleben. Besonders lustig sind solche Hütchen in kleinerer Form für die Puppen oder als Scherzhüte auch für erwachsene „Kinder". Sie werden dann mit einer Haarklemme festgesteckt oder mit einem Stückchen Gummiband am Hinterkopf festgehalten.

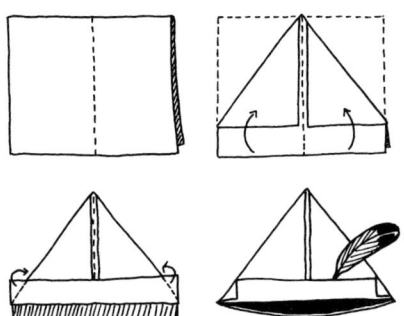

## In dem Wald, da steht ein Haus

*Alter: ab 2 Jahren*

Melodie und Text: volkstümlich

Alle Vorgänge werden mit den Händen gezeigt: Mit den Händen ein Haus machen, dann die Hände wie ein Fernglas vor die Augen halten usw. Zum Schluss reichen alle sich die Hände.

## Komm, wir spielen Nachtgespenst

*Alter: ab 3 Jahren*
*Geförderte Kompetenzen: Sprechfreude; Fantasie*
*Material: 1 Bettlaken; 1 Glöckchen*

*Geisterstunde, Geisterstunde,*
*Gespenster drehen ihre Runde,*
*uhu, uhu, uhu,*
*doch schlägt's vom Turme drei,*
*ist der Spuk vorbei.*

Schneiden Sie in das Bettlaken zwei Augen und hängen es einem Kind um (das Gespenst). Während der Vers gesprochen wird, versucht das Gespenst ein Kind zu ergreifen. Schlägt das Glöckchen (von einem Kind oder dem Spielleiter geschlagen) 3-mal, so ist das Kind Gespenst, welches ergriffen wurde. Wollen wir den Vers optisch darstellen, so basteln wir uns ein Gespenst als Handpuppe, lassen es tüchtig spuken, doch wenn das Glöckchen klingelt, hat es sich versteckt.

## Laternenzeit

*Alter: ab 3 Jahren*
*Geförderte Kompetenzen: Sprech- und Bewegungsfreude*

*Laterne, Laterne,*
*Sonne, Mond und Sterne!*
*Brenne aus, mein Licht,*
*brenne aus, mein Licht,*
*aber ja meine liebe Laterne nicht!*

Besonders viel Spaß macht es natürlich, wenn alle mit einer eigenen Laterne laufen. Bauen Sie doch eine mit den Kindern und sprechen den Vers beim Laternenlauf oder singen Sie ein Lied:

## Laterne, Laterne, Sonne, Mond und Sterne

*Alter: ab 2 Jahren*

Melodie und Text: Volksweise

Laterne, Laterne, Sonne, Mond und Sterne,
brenne auf, mein Licht, brenne auf, mein Licht,
aber nur meine liebe Laterne nicht!

Laterne, Laterne, Sonne, Mond und Sterne,
sperr ihn ein, den Wind, sperr ihn ein, den Wind,
er soll warten, bis wir zu Hause sind!

Laterne, Laterne, Sonne, Mond und Sterne,
bleibe hell, mein Licht, bleibe hell, mein Licht,
denn sonst strahlt meine liebe Laterne nicht.
Die Kleinsten singen auf „la, la, la" mit.

## Es regnet

*Alter: ab 2 Jahren*

Melodie und Text: überliefert

Zur Begleitung dieses Liedes kann „Knisterfolie" eingesetzt werden.

## Herbstblume

*Alter: ab 3 Jahren*
*Geförderte Kompetenzen: Feinmotorik; Kreativität; Freude am Tun und am Ergebnis*
*Material: 1 Kreis aus Pappe (Bierdeckel oder Partyteller); Fingerfarben in Rot, Gelb und Grün; Borstenpinsel; 1 Streifen farbiges Papier von ca. 9 cm Breite (Länge richtet sich nach dem Umfang des Kreises); Kleber; Schere*

Mischen Sie mit den Kindern die Fingerfarben zu einer braunen Farbe und bestreichen oder betupfen im Pinseldruck den Pappkreis damit. Während die Farbe trocknet, falten sie den Streifen Papier zur Ziehharmonika und schneiden ca. 2 cm breite und 9 cm lange Blütenblätter zu, sie laufen nach oben spitz zu. Nach dem Trocknen kleben sie die Blütenblätter an die Dolde (Pappkreis).

### Kiefernzapfen-Igel

*Alter: ab 3 Jahren*
*Geförderte Kompetenzen: Feinmotorik; Materialerfahrung; Kreativität*
*Material: je Kind 1 Bastelunterlage, Kleber, Fotokarton (20×15 cm), Wachs-*
*malstifte, Behälter für die abgeschnittenen Teile des Kiefernzapfens; für Sie:*
*Bleistift, Seitenschneider, Schere*

Schneiden Sie den Igel auf festem Fotokarton aus und trennen Sie vorsichtig mit dem Seitenschneider die abstehenden Teile eines oder mehrere Kiefernzapfen ab. Jetzt malen die Kinder den Igel an. Er bekommt ein Auge, eine Nase und einen Mund. Anschließend kleben die Kinder die Kiefernzapfenteile als Stachel auf den Igel, über den sich alle freuen, bevor er sich in den Winterschlaf verabschiedet.

## Winter

Auch wenn es nicht schneit im Winter, können wir uns den Schnee mit Bilderbüchern und Spielen ins Haus holen. Die Freude am Schnee kann man auf vielfältige Art darstellen. Wir können Wattebällchen pusten oder Zeitungspapier zerreißen und die Schneeflocken tanzen lassen, oder wir knüllen das Papier zu einem Ball und machen eine „Schneeballschlacht" ...

### Spiele im Schnee

*Alter: ab 3 Jahren*
*Geförderte Kompetenzen: Fantasie; Geschicklichkeit; Motorik; Bewegungssi-*
*cherheit; Spaß und Spannung*

Frischer Schnee lädt Kinder immer wieder zum intensiven Spielen und Bauen ein. Im Nu entstehen im Freigelände, im Park oder auf einer Wiese Schneemänner, Fantasiefiguren oder eine Eskimohütte. Ausgestattet mit warmer Kleidung, trockenem Schuhwerk und wasserdichten Handschuhen werden Körper, Berge und Burgen geformt. Eiszapfen, verdorrte Zweige und Steine zieren die Schneegebilde. Im hohen Schnee oder auf einer glatten Rutschbahn macht eine Variante des sommerlichen Kartoffellaufens besonderen Spaß. Jedes Kind hat einen Löffel in der Hand. Auf dem Löffel liegt ein Schneeball. Nun kommt es darauf an, so schnell wie möglich vom Start zum

Ziel zu laufen, ohne dass der Schneeball herunterfällt. Auf einer möglichst breiten Rodelbahn bauen Sie zusammen mit den Kindern Hindernisse aus großen Schneebällen, Fähnchen und Plastikeimern auf. Diese sollen bei der Abfahrt passiert werden. Ein Rodler, der keines der Hindernisse mit seinem Schlitten berührt, ist Sieger.

## Den Schnee rollt ein

*Alter: ab 1 Jahr*

Melodie und Text: mündlich überliefert

Den Schnee rollt ein, zum Schnee - ball fein,

recht rund und groß und dann gehts los!

*Den Schnee rollt ein,*
*zum Schneeball fein,*
*recht rund und groß,*
*und dann geht's los!*

## Weihnachtliche Basteleien

Die folgenden Gestaltungsideen wenden sich insbesondere an die größeren Krippen- und Tagespflegekinder. Gestalten Sie mit den Kindern gemeinsam. Die Kleineren können zuschauen oder – soweit möglich – in die Gestaltung einbezogen werden …

## Schneeflocken-Spiele

*Alter:* ab 3 Jahren
*Geförderte Kompetenzen:* Sinneswahrnehmung; Motorik; Denken; Konzentration; Selbsterkenntnis
*Material:* Lupen

Auch im Winter gibt es draußen viel zu entdecken. Helfen Sie den Kindern, Geheimnissen des Lebens auf den Grund zu gehen und die Welt etwas besser zu verstehen. Draußen schneit es und was ist schöner, als im Schnee zu spielen, in den Schnee zu pusten, Schnee zusammen zu drücken oder einen Schneeball zu formen? Die Kleinen fangen Schneeflocken, legen sie auf ihre Hand und schauen zu, wie sie schmelzen. Und durch eine Lupe betrachtet, können die Kinder feststellen, ob jede Schneeflocke gleich aussieht oder nicht.

## Weihnachtsmann als Tischdekoration

*Alter:* ab 3 Jahren
*Material:* rotes Tonpapier; Zeichenpapier; Malstifte; Schere; Kleber; Watte; eventuell Tasse und Unterteller

Für diesen Weihnachtsmann brauchen Sie zwei Halbkreise etwa in der Größe einer Tasse und eines Untertellers. Die Kinder ziehen den Rand der Tasse und des Untertellers mit einem Bleistift nach und schneiden die Kreise aus. Aus den beiden Kreisen lassen sich zwei Weihnachtsmänner herstellen, denn sie halbieren den Kreis (Mittellinie durchschneiden) und jeweils beim kleinen und großen Halbkreis die beiden Enden übereinander kleben, sodass sie zwei spitze Dächer erhalten. Das kleine Dach kleben sie auf das große, versehen den Weihnachtsmann mit einem Gesicht und einem Wattebart und können unter seinem Mantel eine kleine Überraschung verstecken.

## Strohhalmkette

*Alter: ab 3 Jahren*
*Material: Strohhalme; Bunt- oder Goldpapier; stumpfe Nadel; Garn; Schere*

Die Kinder schneiden kleine Strohhalmstückchen zu und kleine Papierschnipsel, dann reihen sie immer im Wechsel einen Strohhalm und einen Schnipsel auf, bis die Kette lang genug erscheint.

## Christbaumschmuck aus Ton

*Alter: ab 3 Jahren*
*Material: Ton; Nudelholz; Ausstechformen für Plätzchen; Messer; Stricknadel oder dicke Stopfnadel; eventuell Glasur*

Die Kinder rollen den Ton 1 cm dick aus, stechen Herzen und Sterne mit Ausstechformen aus und pieksen mit der Stricknadel oder Stopfnadel ein Loch zum Aufhängen hinein (auf keinen Fall vergessen). Nach dem Trocknen (ca. 1 Woche) kann man den Christbaumschmuck zum Brennen geben (Brennöfen in Bastelgeschäften), dann ist er haltbarer. Wollen sie ihn noch glasieren, so tragen sie nach dem Brennen, auf eine Seite der Formen eine Glasur auf und lassen sie nochmals brennen.

## Kerzenhalter aus Ton oder Efaplast

*Alter: ab 3 Jahren*

Auf die gleiche Weise, wie der Christbaumschmuck hergestellt wurde, können sie auch Kerzenhalter herstellen. Die Kinder rollen den Ton oder Efaplast dann aber 3 bis 4 cm dick aus. Statt der Löcher zum Aufhängen drücken sie in die Formen eine Christbaumkerze. Anschließend wird der Kerzenhalter genauso wie der Christbaumschmuck fertiggestellt.

## Schneemann, rolle, rolle ...

*Alter: ab 3 Jahren*
*Material: farbiges Tonpapier als Untergrund; weiße, rote und schwarze Fingerfarbe; Borstenpinsel*

Skizzieren Sie die Umrisse eines Schneemanns und den Hut auf das farbige Papier. Die Kinder füllen die Kreise mit weißer Farbe aus und verzieren den Schneemann mit Augen, Nase, Mund und Knöpfen nach dem Trocknen. Den Hut kann man nach Belieben gestalten und schwarz ausmalen. Wer möchte, kann ihm auch noch einen Besen geben. Die größeren Kinder können den Schneemann anstelle von Ausmalen auch mit einem Korkendruck, Fingerdruck oder Pinseldruck ausfüllen.

## Überraschungshäuschen

*Alter: ab 3 Jahren*
*Material: leere Streichholzschachtel; farbiges Tonpapier; weißes Tonpapier; Watte; Kleber; Zeichenpapier und Buntstifte für Fenster und Türen; Schere*

Bekleben Sie mit den Kindern die 2 Flächen der Streichholzschachtel mit farbigem Tonpapier, schneiden das Dach aus weißem Tonpapier zu und kleben es von beiden Seiten dagegen. Oben ans Dach kleben sie von innen einen kleinen, rechteckigen Schornstein mit Watte als Rauch an. Nun können sie noch mit Fenstern und Türen unser Haus verzieren. Es ist ein Überraschungshäuschen, denn in die Streichholzschachtel können die Kinder eine Kleinigkeit legen.

## Tannenbaum

*Alter: ab 3 Jahren*
*Material: grünes Tonpapier; Transparentpapier; Bleistift; Schere; Kleber*

Aus grünem Tonpapier schneiden die Kinder einen Tannenbaum aus. In die Mitte des Baumes zeichnen sie mehrere Herzchen, schneiden sie aus und kleben hinter sie Transparentpapier. Mehrere Tannenbäume in verschiedenen Größen ergeben einen schönen Fensterschmuck!

## Hänsel und Gretel – Märchensingspiel

*Alter: ab 2 Jahren*
*Material: 1 Schürze für Gretel; 1 Schirmmütze für Hansel; 1 Kopftuch für die*
*Hexe; 1 Reifen, mit rotem Krepppapier umwickelt als Backofen*

Erzählen Sie den Kindern mehrfach das Märchen „Hänsel und Gretel" und
zeigen Sie eventuell auch Bilder dazu. Anschließend singen alle zusammen
das Lied von Hänsel und Gretel und stellen es pantomimisch dar. Zwei Kinder bilden das Hexenhaus, indem sie sich gegenüberstehen und die gefass-
ten Hände schräg hochstellen. Zwei weitere Kinder halten den Backofen. Die
übrigen Kinder bilden den Wald, indem sie ca. 50 cm große Tannenbäume,
aus Pappe zugeschnitten und grün angemalt, halten. Und dann geht das
Singspiel los! Die Kleinsten genießen es auch in der Zuschauer- und Zu-
hörerrolle ...

Melodie und Text: mündlich überliefert

*Hänsel und Gretel verliefen sich im Wald.*
*Es war so finster und auch so bitterkalt.*
*Sie kamen an ein Häuschen von Pfefferkuchen fein:*
*Wer mag der Herr wohl von diesem Häuschen sein?*
(Hänsel und Gretel gehen durch den Wald, sie knuspern am Häuschen.)

*Hu, hu, da schaut eine alte Hexe raus!*
*Lockt die Kinder ins Pfefferkuchenhaus.*
*Sie stellte sich gar freundlich, o Hansel, welche Not!*
*Ihn will sie braten im Ofen braun wie Brot.*
(Die Hexe lockt die Kinder ins Haus.)

*Doch als die Hexe zum Ofen schaut hinein,*
*ward sie gestoßen von Hans und Gretelein.*
*Die Hexe musste braten, die Kinder gehn nach Haus.*
*Nun ist das Märchen von Hans und Gretel aus.*
(Die Hexe wird von den Kindern in den Backofen gestoßen, Hänsel und Gretel tanzen, die anderen Kinder klatschen.)

## Weihnachtsbaum

**Alter:** *ab 2 Jahren*
**Material:** *Zeichenpapier; grüne, rote, blaue und gelbe Fingerfarbe; Borstenpinsel; Bleistifte*

Skizzieren Sie einen Tannenbaum. Die Kinder schneiden ihn aus und malen ihn grün an: Mit roten Strichen und gelben Tupfern können sie die Kerzen darstellen und mit blauen Tupfern die Kugeln. Die ganz Kleinen brauchen natürlich Ihre Hilfe beim Ausschneiden. Sie können auch mit einem Korken oder der Finger, anstelle eines Pinselns, mit der Fingerfarbe den Baum bedrucken.

## Weihnachtsmann

*Alter: ab 3 Jahren*
*Material: rotes Tonpapier; schwarzes Papier für die Stiefel; weißes Zeichen-*
*papier für das Gesicht; Watte und Kleber; Malstifte; Schere; Nadel; Faden*

Die Kinder schneiden aus dem roten Tonpapier ein Dreieck zu. An den Un-
terschenkel des spitzwinkeligen Dreiecks kleben sie zwei kleine, schwarze
Stiefel, schneiden das Gesicht 2-mal zu, bemalen es und kleben es auf beiden Seiten auf. Nun kleben sie noch einen Bart an beiden Seiten auf, ziehen
einen Faden durch die Spitze des Dreiecks, sodass der Weihnachtsmann
aufgehängt werden kann. Aus mehreren Weihnachtsmännern, an einen
kleinen Ast gehängt, lässt sich ganz einfach ein Mobile machen.

## Schneemann aus Pappe

*Alter: ab 3 Jahren*
*Material: weißes Kartonpapier; schwarzes Tonpapier; Farbstifte; Schere; Blei-*
*stift; Kleber*

Die Kinder schneiden zwei unterschiedlich große Kreise zu, von denen der
kleinere der Kopf ist. Diesen kleben sie an den größeren an. Das schwarze
Tonpapier legen sie doppelt und schneiden dann daraus einen Hut zu. So
haben wir ihn gleich 2-mal. Den Hut kleben sie von vorne und hinten gegen
den Kopf. Das Gesicht und den Bauch bemalen sie von beiden Seiten. Nun
können die Fenster oder Zimmer damit dekoriert werden.

## Welches Kind kennt sich aus?

*Die Felder weiß,*
*auf Flüssen Eis.*
*Es weht der Wind.*
*Wann ist das, Kind?*
(Im Winter)

## Schneller Eiswürfel

*Alter: ab 3 Jahren*
*Geförderte Kompetenzen: Wahrnehmung; Schnelligkeit; Reaktionsvermögen; Selbsterfahrung; Spielfreude*
*Material: Eiswürfel*

Eine eiskalte Erfahrung, die sich im Winter und im Sommer machen lässt. Geben Sie einen Eiswürfel (vielleicht auch einen kleinen Schneeball) in den Spielkreis, der nun blitzschnell von Hand zu Hand weitergereicht wird. Jedes Kind passt auf, dass das letzte Stückchen Eis nicht ausgerechnet in seiner Hand schmilzt. Ein Spaß für die ganze Spielrunde!

## Morgen woll'n wir Schlitten fahren

*Alter: ab 3 Jahren*

Melodie und Text: überliefert

Ein Kind steht außerhalb eines Kreises in entgegengesetzter Richtung. Bei den Worten „... *nehme ich mir die (den)* ... *mit*" tippt es das ihm nächststehende Kind an. Dieses folgt ihm und hängt sich an den „*Schlitten*" an. Das Spiel lässt sich so oft wiederholen, bis der Kreis aufgelöst ist.

## Faschingsfest

*Alter: ab 2 Jahren*
*Geförderte Kompetenzen: Fantasie; Selbsterfahrung; Spielfreude*

Für die 2- bis 3-Jährigen ist „Fasching" noch gar kein Begriff. Damit sie Freude am Fest haben, muss man sie darauf vorbereiten. Schon im Januar kann man mit kleinen Basteleien anfangen, z. B. eine Krone herstellen, ein Stirnband für Indianer anfertigen, eine Maske mit Stab anmalen oder als Katze, Maus, Käfer usw. schminken und kleine Spiele damit verbinden. Wenn Sie den Kindern dann noch Bilder von zeigen, auf denen Sie selbst oder andere Kinder verkleidet sind, Geschichten erzählen und Bilderbücher betrachten, bekommen sie eine Vorstellung vom Fest. Viele Kinder mögen sich in dem Alter noch nicht schminken lassen, andere wollen kein Kostüm anziehen oder keine Kopfbedeckung aufsetzen. Hier sollten Sie den Kindern die Entscheidung überlassen. Auch wenn sie sich gar nicht verkleiden, werden sie von den anderen Kindern akzeptiert und können allein durchs Zuschauen ihre Freude haben.

## Winter ade!

*Alter: ab 2 Jahren*

Melodie: Volksweisheit; Text: Heinrich Hoffmann von Fallersleben

Damit der Frühling Einzug halten kann, muss der Winter vertrieben werden. Das geht besonders gut mit Lärm. Legen Sie verschiedene Plastikschüsseln und Kochlöffel, Rasseln und zwei alte Topfdeckel bereit. Auch zwei alte Besen zum Aufstampfen sind vorhanden. Es kann also losgehen!

**A**
Abzählverse   92
Ach, du liebes Osterei   143
Alle Leut', alle Leut' gehn jetzt nach Hause   122
Alle Möwen fliegen hoch!   51
An den Mai   146
Anna hat Geburtstag   108
Anrufen   91
Armer schwarzer Kater   96
Auf der Donau woll'n wir fahren   151
Auf unsrer Wiese geht was   158
Augen-Kim   46

**B**
ärenjagd   80
Bauklötze stapeln   70
Begrüßungslied: Guten Tag, guten Tag   103
Behälter-Spiele   136
Bellos Knochen   50
Bemalte Hände   72
Bewegungs- und Kreisspiele   19
Biene im Flug   151
Bildbetrachtungen   88
Bilderbücher, Geschichten und Märchen   21
Bilderbuch-Spiele   89
Bim, bam, bommel   65
Blubberspiel   151
Blumenpflücker   90
Breitopf   55
Brummel-Bär   81
Bunter Herbstdrachen   167
Buntes Angelspiel   160

**C**
Christbaumschmuck aus Ton   180

**D**
Das Buch der Geräusche   119
Das Gewitter   59
Das ist der Daumen   55
Das Jahr im Schnelldurchlauf   147
Das Würfelspiel mit farbigen Jogurtbechern   166
Den Schnee rollt ein   178
Die Bären   115
Die dicke Raupe – Nimmersatt   130
Die Finger spinnen   56
Die Jahreszeiten   141
Die Kinderschlange   103
Die Sonne geht auf   126
Duftsafari   36

**E**
Eier anmalen   142
Eier aus Pappe   139
Eierwerfen   140
Ein Kater geht spazieren   117
Einladung zum Froschkonzert   156
Ein Turm aus Händen   96
Eisenbahn   68
Eis in meiner Hand   43
Erkenne dein Lieblingsstofftier   38
Erst kommt der Sonnenkäferpapa   152
Es regnet   59
Es regnet   176
Es tanzt ein kleiner Heinzelmann   172

**F**
Fangt die Sonne ein!   42
Fangtuch   66
Farbspiele   160
Faschingsfest   186
Felix, piep einmal!   45
Fernsehkiste   134
Fingerspiele   19
Fingerspiele   54
Fischangelspiel   154
Fische fangen   155
Flugzeug aus Wäscheklammern   131
Fröhlich drauflos gesungen   109
Froh zu sein, bedarf es wenig   67

Froschspiel   157
Frühstücksgeräusche   48

**G**
Geburtstagslied   120
Geräusche erkennen und zuordnen   39
Geschichtenbeutel   89
Geschichtenerfinder   87
Geschicklichkeitskünstler   74
Gesellschaftsspiele   23
Glockenklang   38
Goldschätze   40
Großer Herbstbaum   170
Grün sind alle meine Kleider   118
Guten Morgen   144

**H**
Händeunterhaltung   87
Handpuppen-Königspaar   136
Handpuppenspiel   135
Handpuppenspiele   23
Hänsel und Gretel –
   Märchensingspiel   182
Häschen in der Grube   69
Häschen in der Grube   148
Häuschen im Wind   169
Heinzelmännchen-Laterne   171
Heißer Knopf   47
Heiß oder kalt?   44
Heiß und kalt   48
Herbstbaum-Bild   169
Herbstblume   176
Herbstlicher Blätterdruck   169
Heut ist ein Fest   159
Himmelsträumer   36
Hoch soll er leben   120
Hören, Erkennen, Benennen   37
Hörspaziergang   86
Hör- und Mitmachspiele   106

**I**
Ich bin 'ne kleine Schnecke   72

Ich bin 'ne kleine Schnecke   112
Ich sehe mich im Spiegel   97
Ich sehe was   47
Im Garten steht ein Blümelein   114
In dem Wald, da steht ein Haus   173
In einem kleinen Apfel   168
In meinem Garten   141
Ins Wasser gefallen   55

**K**
Katze und Maus   74
Kerzenhalter aus Ton oder Efaplast   180
Kiefernzapfen-Igel   177
Kieselsteine bemalen   161
Kim-Spiele   45
Klatschen   110
Klatschspiele   86
Kleidertausch   47
Kleine Baumeister   128
Kleine Naturforscher   49
Kleiner Schmetterling   132
Kneten, Formen, Modellieren   129
Kniereiter   56
Knistermusik   105
Kommt eine Maus   54
Kommt, wir spielen Indianer!   162
Kommt, wir spielen Katz' und Maus   68
Komm, wir spielen Nachtgespenst   174
Komm, wir wollen tanzen   63
Krabbel- und Kitzelspiele   19
Krabbel- und Kitzelspiele   57
Kreis-Ballspiele   79
Küchenkonzert   109

**L**
Laterne, Laterne, Sonne, Mond und
   Sterne   175
Laternenzeit   174
Laubgeraschel   167
Laufigel   133
Leise, ganz leise!   44
Liebe, liebe Sonne   105

Lieber, guter Osterhas' 142
Lieder in Begleitung mit
    Instrumenten 110
Löwe auf Affenjagd 67
Luftballons über den Kopf 165
Lustige Busreise 95
Lustige Gesichter 126
Lustiger Paul 99
Lustige Seefahrt 164

**M**
Malen, Basteln und Kneten 20
Malen mit Fingerfarben 127
Märchenwelt 90
Marienkäfer als Kartengruß 146
Marienkäfer auf einem Blatt 145
Maulwurftreffen 83
Meerwasseraquarium 155
Meine beiden Hände mit zehn Fingern
    dran 61
Mein Finger geht im Kreise 60
Mein Handabdruck 127
Mein Häuschen ist nicht gerade 65
Mein Lieblingsbaum 43
Mein rechter Platz ist leer 96
Mit nackten Füßen 150
Mit Seil und Ball 73
Morgens früh um sechs 116
Morgen woll'n wir Schlitten fahren 185
Mühle, Mühle 164
Mund-Kim 47
Muttertagsgrüße 145

**N**
Namen werfen 95
Nasen-Kim 46

**O**
Ohren-Kim 46
Osterhäschen 140

**P**
Pantoffeltheater 133

Pflastermaler 149
Pusteblume 148
Pusteblumenhubschrauber 147

**Q**
Quatschsätze 88

**R**
Raupe aus Eierkarton 129
Raupe aus Kreisen 130
Raupen und Schmetterlinge 129
Rau und glatt erkennen 42
Regentropfenmusik 39
Regen verschwinde! 156
Reime und Gedichte 91
Riechen und Schmecken 37
Rollender Igel 71
Rollen mit Bällen, Murmeln, Reifen 76
Rollenspiele 22
Rollenspiele 97
Roll', mein Ball! 77
Rundflug 36

**S**
Sandrieselspiele 163
Sandspiele 82
Schattenfänger 45
Schiffchen auf der blauen See 150
Schluss für heut' 123
Schmetterling aus Eierkarton 130
Schmetterlingsfänger 165
Schmusegegenstände und
    Trösterchen 100
Schnalzen 87
Schnecke aus Knete 131
Schneckenbild 126
Schneeflocken-Spiele 179
Schneemann aus Pappe 184
Schneemann, rolle, rolle ... 181
Schneller Eiswürfel 185
Schnipseljagd 79
Schwebender Luftballon 66

Seenlandschaft in der Sandkiste  163
Segelboot  153
Segelschiff auf dem Meer  153
Seilkünstler  74
Sonnenschein und Seifenblasen  156
Sonnenschild  161
Sonne und Regen  99
Sortierspiel  50
Spannenlanger Hansel  71
Spiele im Herbstwind  166
Spiele im Schnee  177
Spucki, das wilde Lama  159
Steigt ein Bübchen  143
Strohhalmkette  180
Stummes Winken  50

**T**
Tannenbaum  181
Tanz der Fantasiefiguren  120
Tastbeutel  39
Tastdecke  44
Tastplattenspiel  49
Tausendfüßler  75
Tellerlauf  78
Turmbauten  128

**U**
Überraschungshäuschen  181
Uns're Katz heißt Mohrle  107

**V**
Verkehrsampel-ABC  51
Vertauschte Tier-, Blumen- oder
    Farbbilder  40
Verzaubern  134
Viele bunte Luftballons  132
Vogel im Nest  139
Von einem Stuhl zum anderen  70

**W**
Was gehört zusammen?  92
Was hörst du?  106
Was machen wir so gerne hier im
    Kreis  64
Wasserbilder  149
Weihnachtsbaum  183
Weihnachtsmann  184
Weihnachtsmann als
    Tischdekoration  179
Welches Kind kennt sich aus?  158
Welches Kind kennt sich aus?  184
Wenn ich froh bin  104
Wer hat das Glöckchen?  42
Wer ist unter der Wolldecke?  49
Wer steht hinter dir?  38
Wie lacht uns die liebe Sonne  121
Wie sehe ich aus?  48
Winter ade!  186
Wir fahren Berliner Luftballon  115
Wir fahren mit dem Auto  75
Wir spielen  58
Wir stellen uns vor  97
Woraus ist der Gegenstand?  40
Wo steckt die Pfeife?  108

**Z**
Zauberhafte Seifenblasen  41
Zehn kleine Zappelfinger  62
Zeig mir deine Hände!  41
Zeltlandschaft  131
Zielwurf  78
Zum Geburtstag viel Glück  119
Zwei kleine Krabbelhände  60

AHNERT, L. (2004): Frühe Bindung: Entstehung und Entwicklung. München: Reinhardt

AUSTERMANN, M./WOHLLEBEN, G. (2005): Krabbelfinger werden größer. München: Kösel

BODENBURG, I./KOLLMANN, I. (2011): Frühpädagogik mit Kindern von 0–3 Jahren. Köln: BildungsverlagEINS

BOSTELMANN, A. (2008): Praxisbuch Krippenarbeit. Leben und lernen mit Kindern unter 3. Mühlheim/Ruhr: Verlag an der Ruhr

DIEKEN, C. VAN (2008): Was Krippenkinder brauchen. Bildung, Erziehung und Betreuung von unter 3-Jährigen. Freiburg: Herder

EVERS, M./HRSG. THIESEN, P., (1994): Das Spielgruppenbuch. Weinheim und Basel: Beltz

GOTTSTEIN, L./HRSG. THIESEN, P., (2000): Ram sam sam und Pimpelchen – Spielen, Singen, Gestalten mit Kleinkindern. Weinheim und Basel: Beltz

HÄUF, P./KLEIN, A. (2008): Schauen, Staunen, Handeln – das Weltwissen der Babys. Freiburg: Herder

HÜTHER, G./KRENZ, I. (2007): Das Geheimnis der ersten neun Monate. Unsere frühesten Prägungen. Düsseldorf: Patmos

KASTEN, H. (2005): 0–3 Jahre: Entwicklungspsychologische Grundlagen. Weinheim: Beltz

KREMPIEN, C./HRSG. THIESEN, P., (2007): 50 bildnerische Techniken. Ein Arbeitsbuch für Kindergarten, Hort und Grundschule. Berlin: Cornelsen

LAEWEN, H.J./ANDRES, B. (2002): Bildung und Erziehung in der frühen Kindheit. Berlin: Cornelsen

LENTES, S./HRSG. THIESEN, P., (2012): Ganzheitliche Sprachförderung – Ein Praxisbuch mit Sprachspielen für Kindergarten, Schule und Hort. Berlin: Cornelsen

MOGEL, H. (1995): Geborgenheit. Psychologie eines Lebensgefühls. Heidelberg: Springer

NITSCH, C. (2001): Das große Buch der Kinderreime. München: Bassermann

OERTER, R. (1999): Psychologie des Spiels. Weinheim und Basel: Beltz

RIEMANN, I./WÜSTENBERG, W. (2004): Die Kindergartengruppe für Kinder ab einem Jahr öffnen? Frankfurt/M.: Fachhochschulverlag

STAHMER-BRANDT, P./THIESEN, R.: Kinder entdecken ihre Umwelt. 7 Entdeckungstouren durch Natur und Umgebung. Weinheim und Basel: Beltz

STERN, D. (2007): Die Lebenserfahrung des Säuglings. Stuttgart: Klett-Cotta

THIESEN, P. (2009): Arbeitsbuch Spiel – Für die Praxis in Kindergarten, Hort, Heim und Kindergruppe. Köln: BildungsverlagEINS

THIESEN, P. (2010): Beobachten und Beurteilen in Kindergarten, Hort und Heim. Berlin: Cornelsen

THIESEN, P. (2010): Klassische Kinderspiele. Neu entdeckt für Kindergarten und Hort. Weinheim und Basel: Beltz

THIESEN, P. (2010): Die gezielte Beschäftigung im Kindergarten: Vorbereiten, Durchführen, Auswerten. Freiburg: Lambertus

THIESEN, P. (2010): Komm, lass uns draußen spielen! Mehr als 200 Spiele für Garten, Hof & Co. Berlin: Cornelsen

THIESEN, P. (2011): Komm, lass uns was entdecken! 188 Spiele zum Erkunden und Experimentieren. Berlin: Cornelsen

THIESEN, P. (2012): Konzentration und Aufmerksamkeit entspannt fördern. Freiburg: Lambertus

THIESEN, P. (2011): Sehen, fühlen, schmecken – die Welt entdecken. 200 Wahrnehmungsspiele für Kindergarten, Hort und Grundschule. Berlin: Cornelsen

THIESEN, P. (2010): Spielend durch das Jahr in Kindergarten und Hort. Berlin: Cornelsen

THIESEN, P. (2012): Werkzeugkasten kreatives Spiel. Interaktion, Darstellen und Gestalten in Schule, Jugend- und Erwachsenenbildung. Freiburg: Lambertus

WIEKE, TH. (2006): Rille, ralle, Gürtelschnalle – über 300 Abzählreime, Kniereiterverse und Trostgedichte. Freiburg: Urania

WINNER, A. (2007): Kleinkinder ergreifen das Wort: Sprachförderung mit Kindern von 0–4 Jahren. Freiburg: Christopherus

WINNICOTT, D. (2012): Vom Spiel zur Kreativität. Stuttgart: Klett-Cotta

WUSTMANN, C. (2004): Resilienz. Widerstandsfähigkeit von Kindern in Tageseinrichtungen fördern. Weinheim und Basel: Beltz